択一式トレーニング問題集の使い方

1 本書の位置づけ

　択一式トレーニング問題集は、科目別講義テキスト[※1]に準拠した問題集です。おおむね過去15年間の本試験問題とオリジナル予想問題を、一問一答の形式により、テキスト項目の順に網羅的に出題しております。択一式試験対策の主要教材としてご活用下さい。

2 仕　様

〔1〕出題問題

　科目別講義テキスト[※1]の内容に対応するおおむね過去15年間の本試験問題とオリジナルの予想問題です。

〔2〕出題形式

　問題を左ページ、解答・解説を右ページとする見開きの構成により、一問一答形式で収載しております。

※1　科目別講義テキストは、資格の大原社会保険労務士講座受講生専用教材です。科目別講義テキストのみの一般販売はしておりません。

I

〔3〕表示の意味

左 問題ページ

❶問題番号

❷出題元：令0501Ｂ…令和５年試験問題の問１Ｂの問題であることを示します。
ＯＲ…オリジナル問題であることを示します。

❸ **新**：直近の本試験問題

❹チェック欄：チェック欄は、問題の習熟度合を図る目安として活用下さい。

❺
- ☆ ：科目別講義テキスト※2の「☆」に関連する優先順位の低い問題であることを示します。
- **改正**：今次の改正が関連する問題であることを示します。

左ページ

第3節　労働憲章
❶　　❷　　❸　　　　❹　　　　❺
問題 025　令0501Ｂ　□□□□□□　☆ **改正**
　労働基準法第１条にいう「労働条件」とは、賃金、労働時間、解雇、災害補償等の基本的な労働条件を指し、安全衛生、寄宿舎に関する条件は含まない。

問題 026　令0301Ａ　□□□□□□　☆
　労働基準法第１条第２項にいう「この基準を理由として」とは、労働基準法に規定があることが決定的な理由となって、労働条件を低下させている場合をいうことから、社会経済情勢の変動等他に決定的な理由があれば、同条に抵触するものではない。

問題 027　平2505Ｃ　□□□□□□
　労働基準法第２条第１項が、「労働条件は、労働者と使用者が、対等の立場において決定すべきである。」との理念を明らかにした理由は、概念的には対等者である労働者と使用者との間にある現実の力関係の不平等を解決することが、労働基準法の重要な視点であることにある。

問題 028　平2101Ａ　□□□□□□
　使用者は、労働協約、就業規則及び労働契約を遵守し、誠実にその義務を履行しなければならないが、使用者よりも経済的に弱い立場にある労働者についてはこのような義務を定めた規定はない。

11　第1章　総則

第3節　労働憲章
❻
解答 025　×　S63.3.14基発150／P 13　社労士24 P 5▼
　労働条件とは、賃金、労働時間のほか、解雇、災害補償、安全衛生、寄宿舎等に関する条件をすべて含む労働者の一切の待遇をいう。

解答 026　○　S22.9.13発基17／P 13　社労士24 P 5▼
　記述の通り正しい。
❼ **+α**【労働基準法第１条第２項】
　労働基準法で定める労働条件の基準は最低のものであるから、労働関係の当事者はこの基準を理由として労働条件を低下させてはならないことはもとより、その向上を図るように努めなければならない。

解答 027　○　法２条／P 14　社労士24 P 6▼
　記述の通り正しい。

解答 028　×　法２条／P 14　社労士24 P 6▼
　本肢の義務は、労働者にも課せられる。
+α【労働基準法第２条第２項】
　「労働者及び使用者」は、労働協約、就業規則及び労働契約を遵守し、誠実に各々その義務を履行しなければならない。

総則　第1章　12

右ページ

右 解答・解説ページ

❻科目別講義テキスト※2と社労士24レクチャーテキスト※2の参照ページを示します。

❼ **+α**：問題に関する補足説明や周辺知識の内容を記載しています。

※2　科目別講義テキスト・社労士24レクチャーテキストは、資格の大原社会保険労務士講座受講生専用教材です。科目別講義テキスト・社労士24レクチャーテキストのみの一般販売はしておりません。

II

3 択一式トレーニング問題集の使い方

〔1〕問題を解く目的

　問題を解く目的は、正誤を憶えることではなく、正誤判断をするための「キーワード」と「その理由」を憶えることです。したがって、問題を解くに当たっては、「キーワード」と「なぜ正しいのか」「なぜ誤っているのか、どうであれば正しいのか」を見つけ、憶え込むことを強く意識するようにしましょう。

〔2〕回転と目標

　問題のキーワードを記憶として定着させるためには、繰り返し問題を解く（回転させる）ことが必要です。そのため学習初期から、本試験までに何回転するか（長期目標）、各回転をいつまでにするか（中期目標）を定めておき、これらに基づいて、その週・その日に何問解くか（短期目標）を決めましょう。なお、中期目標の達成の都度、チェック欄をチェックしていくと、回転の進捗状況が一目でわかって便利です。

《例》長期目標を５回転とした場合

長期目標	中期目標	達成したら✓
５回転	１回転目→次回講義までに	✓ □ □ □ □
	２回転目→確認テストまでに	✓ ✓ □ □ □
	３回転目→直前期に入るまでに	✓ ✓ ✓ □ □
	４回転目→統一模試までに	✓ ✓ ✓ ✓ □
	５回転目→本試験までに	✓ ✓ ✓ ✓ ✓

〔3〕問題の具体的な取り組み方

問題の取り組み方は様々です。以下ではその一例をご紹介しますので、参考にして下さい。

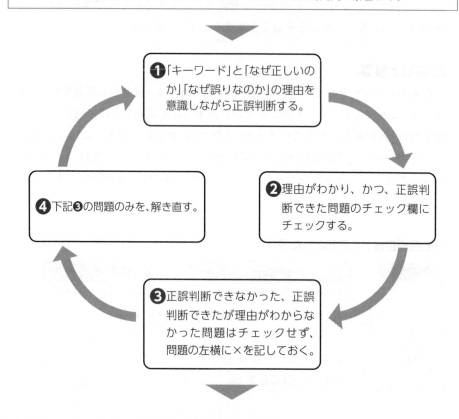

〔4〕問題集巻末の「進捗表」について

　巻末に「進捗表」がございます。こちらをご利用になり、ご自身の弱点部分を明確にし、早期克服に心掛けましょう。

〔5〕問題集巻末の「青シート」について

　巻末に「青シート」がございます。解答解説ページを隠すシートとしてご利用下さい。

4 ＞ よくある質問

〔1〕解くべき問題の優先順位について

　問題集には数多くの演習問題が収載されているので、特に初めて学習をされる方は、優先順位を決めたうえで問題を解いていくことをお勧めします。一例として、「 ☆ 」の問題は一旦とばしておきましょう。

〔2〕同じ問題を何度も間違えて、次に進めない…

　問題を間違えるということは、その問題のキーワードを憶える第一歩です。しかし、間違えが続いてしまう問題は、一旦とばして次の問題に取り組みましょう。学習が進み、科目の全体像や他の科目との関係が把握できてから理解できる内容の問題もあるからです。

〔3〕テキストとトレーニング問題集はどっちが大事？

　テキストのみでは、問題のキーワードを知ることができません。また、トレーニング問題集のみでも、全体像を把握しにくいことがあります。いずれか一方に偏るのは得策とはいえません。最も有効なのは、テキストとトレーニング問題集相互で補い合うという学習方法で、①テキストの概要を把握する→②トレーニング問題集を解き、キーワードを記憶する→③テキスト中のキーワードを部分読みする→④上記②③を繰り返すというものです。また、トレーニング問題集で記憶したキーワードや引っ掛け方をテキストの該当箇所に書き込んでおくという方法もお勧めです。

| 択一式トレーニング問題集 健康保険法 | 学習内容と学習範囲 |

学習内容

第1章　総　則

第2章　被保険者及び被扶養者

第3章　標準報酬月額及び標準賞与額

第4章　費用の負担

第5章　保険給付

第6章　任意継続被保険者

第7章　日雇特例被保険者

第8章　全国健康保険協会・健康保険組合

第9章　届出・不服申立て・時効その他

学習範囲

※資格の大原社会保険労務士講座受講生の学習範囲です。

社労士合格コース/社労士経験者合格コース/社労士速修合格コース

　上記コースの各回の講義に対応した、「トレーニング問題集学習範囲」につきましては、別紙にてご案内いたします。

社労士24

章	問題集学習範囲	章	問題集学習範囲
1	問題001～問題005	16	問題187～問題193
2	問題006～問題025	17	問題194～問題202
3	問題026～問題037	18	問題203～問題212
4	問題038～問題068	19	問題213～問題219
5	問題069～問題073	20	問題220～問題233
6	問題074～問題093	21	問題234～問題247
7	問題094～問題097	22	問題248～問題263
8	問題098～問題122	23	問題264～問題267
9	問題123～問題127	24	問題268～問題282
10	問題128～問題142	25	問題283～問題287
11	問題143～問題149	26	問題288～問題300
12	問題150～問題157	27	問題301～問題313
13	問題158～問題160	28	問題314～問題334
14	問題161～問題179	29	問題335～問題377
15	問題180～問題186		

第1節　総　則

問題 001　○　R　□□□□□□□

　健康保険法では業務災害については原則として保険給付は行われず、労働者の業務災害以外の疾病、負傷、死亡及び出産に限定して保険給付が行われる。

問題 002　平2805D　□□□□□□□

　被保険者が副業として行う請負業務中に負傷した場合等、労働者災害補償保険の給付を受けることのできない業務上の傷病等については、原則として健康保険の給付が行われる。

問題 003　平2101C　□□□□□□□

　健康保険制度は、高齢化の進展、疾病構造の変化、社会経済情勢の変化等に対応し、その他の医療保険制度及び後期高齢者医療制度並びにこれらに密接に関連する制度と併せて5年ごとに検討が加えられることになっている。

第1節 総 則

解答 001 × 法1条／P3 社労士24P2▼

健康保険法は、労働者又はその「被扶養者」の業務災害以外の疾病、負傷若しくは死亡又は出産に関して保険給付を行う。

解答 002 ○ 法1条／P3 社労士24P2▼

通勤災害や労働者以外の者（請負等）の業務上の災害も健康保険の保険事故の範囲となる。

解答 003 × 法2条／P3 社労士24P2▼

健康保険制度については、これが医療保険制度の基本をなすものであることにかんがみ、高齢化の進展、疾病構造の変化、社会経済情勢の変化等に対応し、その他の医療保険制度及び後期高齢者医療制度並びにこれらに密接に関連する制度と併せてその在り方に関して「常に」検討が加えられ、その結果に基づき、医療保険の運営の効率化、給付の内容及び費用の負担の適正化並びに国民が受ける医療の質の向上を総合的に図りつつ、実施されなければならないものとされており、5年ごとに検討が加えられることにはなっていない。

総 則 第1章 **2**

第2節　保険者

問題 004　平2201 A　□□□□□□□ ☆

　　全国健康保険協会が管掌する健康保険の事業に関する業務のうち、被保険者の資格の取得及び喪失の確認、標準報酬月額及び標準賞与額の決定並びに保険料の徴収（任意継続被保険者に係るものを除く。）並びにこれらに附帯する業務は、厚生労働大臣が行う。

問題 005　平2901 C　□□□□□□□ ☆

　　任意継続被保険者の保険料の徴収に係る業務は、保険者が全国健康保険協会の場合は厚生労働大臣が行い、保険者が健康保険組合の場合は健康保険組合が行う。

3　第1章　総則

第2節　保険者

解答 004　○　法5条／P5　社労士24P3▼

記述の通り正しい。

+α　【協会管掌健康保険】

・保険給付→協会が行う（市町村長が行う×）

（適用徴収業務）

・資格の取得及び喪失の確認

　→厚生労働大臣が行う

・標準報酬月額及び標準賞与額の決定

　→厚生労働大臣が行う

・保険料の徴収（任意継続被保険者に係るものを除く。）

　→厚生労働大臣が行う

解答 005　×　法5条／P5　社労士24P3・95▼

協会管掌健康保険の任意継続被保険者に係る保険料徴収業務は、「全国健康保険協会」が行う。

第2節　適用事業所

問題 006　平2301C　□□□□□□□

常時10人の従業員を使用している個人経営の飲食業の事業所は強制適用事業所とはならないが、常時3人の従業員を使用している法人である土木、建築等の事業所は強制適用事業所となる。

問題 007　令0501A　㊟　□□□□□□□

適用業種である事業の事業所であって、常時5人以上の従業員を使用する事業所は適用事業所とされるが、事業所における従業員の員数の算定においては、適用除外の規定によって被保険者とすることができない者であっても、当該事業所に常時使用されている者は含まれる。

問題 008　令0508A　㊟　□□□□□□□

令和4年10月1日より、弁護士、公認会計士その他政令で定める者が法令の規定に基づき行うこととされている法律又は会計に係る業務を行う事業に該当する個人事業所のうち、常時5人以上の従業員を雇用している事業所は、健康保険の適用事業所となったが、外国法事務弁護士はこの適用の対象となる事業に含まれない。

5　第2章　被保険者及び被扶養者

第2節　適用事業所

解答 006　○　法3条／P11　社労士24P4▼

　個人経営の飲食業（法定業種以外の業種）の事業所は、常時使用する従業員の数にかかわらず、強制適用事業所とならない。一方、法人の事業所であって、常時従業員を使用するものは、強制適用事業所となる。

解答 007　○　S18.4.5保発905／P11　社労士24P4▼

　記述の通り正しい。

解答 008　×　令1条／P11　社労士24P4▼

　外国法事務弁護士は、健康保険の適用の対象となる事業に「含まれる」。

被保険者及び被扶養者　第2章　　6

問題 009　平2408 A　□□□□□□□

　従業員が15人の個人経営の理髪店で、被保険者となるべき者の２分の１以上が希望した場合には、事業主に速やかに適用事業所とするべき義務が生じる。

問題 010　令0508 B 🈟　□□□□□□□

　強制適用事業所が、健康保険法第３条第３項各号に定める強制適用事業所の要件に該当しなくなった場合において、当該事業所の被保険者の２分の１以上が任意適用事業所となることを希望したときは、当該事業所の事業主は改めて厚生労働大臣に任意適用の認可を申請しなければならない。

問題 011　平2603 D　□□□□□□□

　任意適用事業所の事業主は、厚生労働大臣の認可を受けて、当該事業所を適用事業所でなくすることができる。事業主がこの申請を行うときは、健康保険任意適用取消申請書に、被保険者の３分の２以上の同意を得たことを証する書類を添付しなければならない。

問題 012　令0210 C　□□□□□□□

　任意適用事業所において被保険者の４分の３以上の申出があった場合、事業主は当該事業所を適用事業所でなくするための認可の申請をしなければならない。

7　第２章　被保険者及び被扶養者

解答 009 × 法31条／P13 社労士24P5▼

　被保険者となるべき者が任意適用の申請を希望する場合でも、事業主に当該申請を行う義務は生じない。

> **+α**　・被保険者となるべき者の希望→事業主に加入申請義務は「生じない」
> 　※雇用保険との比較
> 　・被保険者となるべき者の2分の1以上の希望
> 　　→事業主に加入義務が「生じる」
> 　※受け皿となる制度があるかないかの違い
> 　・健康保険→国民健康保険という受け皿あり
> 　　→無理に加入する必要ない
> 　・雇用保険→受け皿となる制度なし→是が非でも加入したい

解答 010 × 法32条／P14 社労士24P5▼

　強制適用事業所が、事業内容の変更や従業員数の減少等により強制適用事業所の要件に該当しなくなったときは、その事業所について、「任意適用事業所の認可があったものとみなされる」。

解答 011 × 法33条、則22条／P14 社労士24P5▼

　本肢の申請を行うときは、健康保険任意適用取消申請書に、被保険者の「4分の3」以上の同意を得たことを証する書類を添付しなければならない。

解答 012 × 法33条／P14 社労士24P5▼

　被保険者が任意適用取消の申請を希望する場合でも、事業主に当該申請を行う義務は生じない。

被保険者及び被扶養者　第2章　8

第3節　被保険者

問題 013　平2206 B　□□□□□□□

　法人の理事、監事、取締役、代表社員等の法人役員は、事業主であり、法人に使用される者としての被保険者の資格はない。

問題 014　平2905 B　□□□□□□□

　従業員が３人の任意適用事業所で従業員と同じような仕事に従事している個人事業所の事業主は、健康保険の被保険者となることができる。

問題 015　平2705 B　□□□□□□□

　学生が卒業後の４月１日に就職する予定である適用事業所において、在学中の同年３月１日から職業実習をし、事実上の就職と解される場合であっても、在学中であれば被保険者の資格を取得しない。

問題 016　令0305 B　□□□□□□□

　被保険者が、その雇用又は使用されている事業所の労働組合（法人格を有しないものとする。）の専従者となっている場合は、当該専従者は、専従する労働組合が適用事業所とならなくとも、従前の事業主との関係においては被保険者の資格を継続しつつ、労働組合に雇用又は使用される者として被保険者となることができる。

9　第2章　被保険者及び被扶養者

第3節 被保険者

解答 013 × 法3条、S24.7.28保発74／P16 社労士24P6▼

　法人の理事、監事、取締役、代表社員等いわゆる法人の代表者又は業務執行者で法人から労働の対償として報酬を受けている者は、法人に使用される者として「被保険者資格を取得する」ものとされる。

> **+α**【労働・社保のまとめ（被保険者になるか否か）】
> ・代表取締役→労働×、社保○
> ・平取締役→労働○、社保○
> ・個人事業主→労働×、社保×

解答 014 × 法3条／P16 社労士24P6▼

　個人経営の事業所の事業主は、被保険者とならない。

解答 015 × S16.12.22社発1580／P16 社労士24P6▼

　卒業後就職予定先の事業所で職業実習を行う者は、事実上の就職と解されれば被保険者となる。

解答 016 × S24.7.7職発921／P16 社労士24P6▼

　労働組合専従者は、従前の事業主との関係においては、被保険者の資格を「喪失」し、労働組合に雇用又は使用される者としてのみ被保険者となることができる。すなわち、当該専従する労働組合が一定の要件を満たすことにより適用事業所に該当する場合、労働組合専従者も被保険者となる。

問題 017　令0507E　🆕　□□□□□□□

　適用事業所に臨時に使用される者で、当初の雇用期間が2か月以内の期間を定めて使用される者であっても、就業規則や雇用契約書その他の書面において、その雇用契約が更新される旨又は更新される場合がある旨が明示されていることなどから、2か月以内の雇用契約が更新されることが見込まれる場合には、最初の雇用契約期間の開始時から被保険者となる。

問題 018　平2701A　　□□□□□□□

　適用事業所に臨時に使用され、日々雇い入れられている者が、連続して1か月間労務に服し、なお引き続き労務に服したときは一般の被保険者の資格を取得する。この場合、当該事業所の公休日は、労務に服したものとみなされず、当該期間の計算から除かれる。

問題 019　O　R　　□□□□□□□

　事業所に使用される者であって、その1週間の所定労働時間が同一の事業所に使用される通常の労働者の1週間の所定労働時間の4分の3未満である短時間労働者又はその1か月間の所定労働日数が同一の事業所に使用される通常の労働者の1か月間の所定労働日数の4分の3未満である短時間労働者に該当するものは、健康保険の被保険者になることはない。

問題 020　O　R　　□□□□□□□

　特定適用事業所とは、事業主が同一である1又は2以上の適用事業所であって、当該1又は2以上の適用事業所に使用される特定労働者の総数が常時500人を超えるものの各適用事業所とされている。

11　第2章　被保険者及び被扶養者

解答 017 ○ 法3条／P17・18 社労士24P7▼

臨時に使用される者であって、2か月以内の期間を定めて使用される者であって、当該定めた期間を超えて使用されることが見込まれないもの（当該定めた期間を超え、引き続き使用されるに至った場合を除く。）は、原則として、被保険者となることができない。本肢の場合、「2か月以内の雇用契約が更新されることが見込まれる」ため、最初の雇用契約期間の開始時から「被保険者となる」。

解答 018 × S3.3.30保理302／P18 社労士24P－▼

公休日についても労務に服したものとみなして、当該期間の計算に含まれる。

解答 019 × 法3条、R4.3.18保保発0318第1号／P19 社労士24P6▼

本肢の者であっても、下記①から④のいずれも満たすものは、被保険者として取り扱うこととする。

① 特定適用事業所等に使用されていること。
② 1週間の所定労働時間が20時間以上であること。
③ 報酬（一定のものを除く。）の月額が8万8千円以上であること。
④ 学生等でないこと。

解答 020 × 法3条、R4.3.18保保発0318第1号／P19 社労士24P7▼

本肢については、「常時500人を超える」ではなく「常時100人を超える」である。

被保険者及び被扶養者 第2章 12

問題 021　平3010C　☐☐☐☐☐☐☐

　適用事業所に使用されるに至った日とは、事実上の使用関係の発生した日であるが、事業所調査の際に資格取得の届出もれが発見された場合は、調査の日を資格取得日としなければならない。

問題 022　令0209E　☐☐☐☐☐☐☐

　適用事業所に期間の定めなく採用された者は、採用当初の2か月が試用期間として定められていた場合であっても、当該試用期間を経過した日から被保険者となるのではなく、採用日に被保険者となる。

問題 023　令0204E　☐☐☐☐☐☐☐

　新たに適用事業所に使用されることになった者が、当初から自宅待機とされた場合の被保険者資格については、雇用契約が成立しており、かつ、休業手当が支払われているときは、その休業手当の支払いの対象となった日の初日に被保険者の資格を取得するものとされる。

問題 024　令0507D　🆕　☐☐☐☐☐☐☐

　一般労働者派遣事業の事業所に雇用される登録型派遣労働者は、派遣就業に係る1つの雇用契約の終了後、1か月以内に同一の派遣元事業主のもとでの派遣就業に係る次回の雇用契約（1か月以上のものに限る。）が確実に見込まれる場合であっても、前回の雇用契約を終了した日の翌日に被保険者資格を喪失する。

13　第2章　被保険者及び被扶養者

解答 021 × S5.11.6保規522／P24 社労士24P-▼

適用事業所に使用されるに至った日とは、事実上の使用関係の発生した日であり、事業所調査の際に資格取得届のもれが発見された場合は、「すべて事実の日にさかのぼって資格取得させるべきもの」である。

解答 022 ○ S26.11.28保文発5177／P24 社労士24P8▼

事業所の内規等により、一定期間は臨時又は試みに使用するものであると称し又は雇用者の出入が頻繁であって雇用しても永続するかどうか不明のものであると称して被保険者の資格取得届を遅延する者等は、臨時使用人とは認められず従って雇入れの当初より被保険者となる。

解答 023 ○ S50.3.29保険発25・庁保険発8／P24 社労士24P8▼

記述の通り正しい。

解答 024 × H14.4.24保保発0424001／P26 社労士24P9▼

労働者派遣事業の事業所に雇用される派遣労働者のうち常時雇用される労働者以外の者（登録型派遣労働者）の適用については、派遣就業に係る一の雇用契約の終了後、最大1か月以内に、同一の派遣元事業主のもとでの派遣就業に係る次回の雇用契約（1か月以上のものに限る。）が確実に見込まれるときは、使用関係が継続しているものとして取り扱い、「被保険者資格は喪失させないことができる」。

被保険者及び被扶養者　第2章　14

問題 025 平2705D □□□□□□□

　被保険者が解雇され（労働法規又は労働協約に違反することが明らかな場合を除く。）、事業主から資格喪失届が提出された場合、労使双方の意見が対立し、当該解雇について裁判が提起されたときにおいても、裁判において解雇無効が確定するまでの間は、被保険者の資格を喪失したものとして取り扱われる。

第4節　被扶養者

問題 026 令0305D □□□□□□□

　指定障害者支援施設に入所する被扶養者の認定に当たっては、当該施設への入所は一時的な別居とはみなされず、その他の要件に欠けるところがなくとも、被扶養者として認定されない。現に当該施設に入所している者の被扶養者の届出があった場合についても、これに準じて取り扱う。

問題 027 O　R □□□□□□□

　主として被保険者により生計を維持する被保険者の孫は、日本国内に住所を有するものに限り、被扶養者とされる。

問題 028 O　R □□□□□□□

　被保険者と同一の世帯にある被保険者の従姉妹（日本国内に住所を有するものとする。）は、主として被保険者に生計を維持されている場合であっても被扶養者とならない。

解答 025 ○ S25.10.9保発68 ／ P26 社労士24 P9▼

記述の通り正しい。

第4節 被扶養者

解答 026 × H11.3.19保険発24・庁保険発4 ／ P28 社労士24 P11▼

本肢の施設に入所することとなった場合においては、病院又は診療所に入院する場合と同様に、「一時的な別居であると考えられる」ことから、なお被保険者と住居を共にしていることとして取り扱い、その他の要件に欠けるところがなければ、「被扶養者の認定を取り消す必要がない」。

解答 027 × 法3条／ P28 社労士24 P12▼

被扶養者とは、一定の者で、日本国内に住所を有するもの又は「外国において留学をする学生その他の日本国内に住所を有しないが渡航目的その他の事情を考慮して日本国内に生活の基礎があると認められるものとして厚生労働省令で定めるもの」をいう。したがって、日本国内に住所を有しなくとも被扶養者に該当することはある。

解答 028 ○ 法3条／ P28 社労士24 P12▼

従姉妹は4親等であり、被扶養者に該当しない。

被保険者及び被扶養者 第2章 16

問題 029 O R □□□□□□□

被保険者と届出をしていないが事実上婚姻関係と同様の事情にある配偶者の兄（日本国内に住所を有するものとする。）で、被保険者とは別の世帯に属しているが、被保険者により生計を維持する者は、被扶養者になることができる。

問題 030 O R □□□□□□□

被保険者の配偶者の63歳の母（日本国内に住所を有するものとする。）が、遺族厚生年金を150万円受給しており、それ以外の収入が一切ない場合、被保険者がその額を超える仕送りをしていれば、被保険者と別居していたとしても被保険者の被扶養者に該当する。

問題 031 令0404 B □□□□□□□

被保険者の事実上の婚姻関係にある配偶者の養父母は、世帯は別にしていても主としてその被保険者によって生計が維持されていれば、被扶養者となる。

解答 029 × 法3条／P28 社労士24P11▼

「事実婚の配偶者の兄」は、被扶養者とならない。

解答 030 × 法3条／P28 社労士24P11▼

本肢の「配偶者の母」は直系姻族であり、被保険者と別居している場合には、その収入額等の要件にかかわらず被扶養者とならない。

解答 031 × 法3条／P28 社労士24P11▼

本肢の者については、同一世帯の要件が必要となるため「被扶養者とならない」。

問題 032　令0209Ａ　　□□□□□□□

　被扶養者の認定において、被保険者が海外赴任することになり、被保険者の両親が同行する場合、「家族帯同ビザ」の確認により当該両親が被扶養者に該当するか判断することを基本とし、渡航先国で「家族帯同ビザ」の発行がない場合には、発行されたビザが就労目的でないか、渡航が海外赴任に付随するものであるかを踏まえ、個別に判断する。

解答 032 ○ R1.11.13保保発1113第1号／P29 社労士24P－▼

　被扶養者とは、次の①から④に掲げる者で、日本国内に住所を有するもの又は外国において留学をする学生その他の日本国内に住所を有しないが渡航目的その他の事情を考慮して日本国内に生活の基礎があると認められるものとして厚生労働省令で定めるもの（※）をいう。

　＜生計維持関係のみ＞

　　①　被保険者の直系尊属（父母、祖父母、曾祖父母等）、配偶者（事実上を含む）、子、孫、兄弟姉妹

　＜生計維持関係＋同一世帯＞

　　②　上記①以外の３親等内の親族

　　③　事実婚の配偶者の父母及び子

　　④　上記③の配偶者の死亡後のその父母及び子

※上記の厚生労働省令で定めるものは、次に掲げる者とする。

　ア　外国において留学をする学生

　イ　外国に赴任する被保険者に同行する者（本肢は当該イの内容）

　ウ　観光、保養又はボランティア活動その他就労以外の目的で一時的に海外に渡航する者

　エ　被保険者が外国に赴任している間に当該被保険者との身分関係が生じた者であって、上記イに掲げる者と同等と認められるもの

　オ　上記アからエに掲げる者のほか、渡航目的その他の事情を考慮して日本国内に生活の基礎があると認められる者

被保険者及び被扶養者　第2章　20

問題 033　O　　R　　□□□□□□□

　日本国内に住所を有する被扶養者としての届出に係る者（以下「認定対象者」という。）が被保険者と同一世帯に属している場合、当該認定対象者の年間収入が130万円未満（認定対象者が60歳以上の者である場合又は概ね厚生年金保険法による障害厚生年金の受給要件に該当する程度の障害者である場合にあっては180万円未満）であって、かつ、被保険者の年間収入を上回らない場合には、当該世帯の生計の状況を総合的に勘案して、当該被保険者がその世帯の生計維持の中心的役割を果たしていると認められるときは、被扶養者に該当する。なお、一定の適用除外者を除くものとする。

問題 034　O　　R　　□□□□□□□

　被保険者の父（日本国内に住所を有するものとする。）が障害厚生年金の受給権者で被保険者と同一世帯に属していない場合、その年間収入が150万円で、かつ、被保険者からの援助額が年額100万円であるとき、被保険者の被扶養者に該当する。

問題 035　O　　R　　□□□□□□□

　日本国内に住所を有する認定対象者が被保険者と同一世帯に属している場合、認定対象者の年間収入が130万円未満（認定対象者が60歳以上の者である場合又は概ね厚生年金保険法による障害厚生年金の受給要件に該当する程度の障害者である場合にあっては180万円未満）であって、かつ被保険者の年間収入の3分の2未満である場合は、原則として被扶養者に該当するものとされる。

21　第2章　被保険者及び被扶養者

解答 033 ○　S52.4.6保発9・庁保発9／P31　社労士24 P 12・13▼

【認定対象者が被保険者と同一世帯に属している場合】

(1)　認定対象者の年間収入（雇用保険の失業等給付、公的年金、健康保険の傷病手当金や出産手当金等も含む。以下同じ。）が130万円未満（認定対象者が60歳以上の者である場合又は概ね厚生年金保険法による障害厚生年金の受給要件に該当する程度の障害者である場合にあっては180万円未満。以下同じ。）であって、かつ、被保険者の年間収入の2分の1未満である場合は、原則として被扶養者に該当する。

(2)　上記(1)の条件に該当しない場合であっても、当該認定対象者の年間収入が130万円未満であって、かつ、被保険者の年間収入を上回らない場合には、当該世帯の生計の状況を総合的に勘案して、当該被保険者がその世帯の生計維持の中心的役割を果たしていると認められるときは、被扶養者に該当するものとして差し支えない。

解答 034 ×　法3条、S52.4.6保発9・庁保発9／P31　社労士24 P 12▼

本肢の場合、認定対象者（父）の年間収入（150万円）が被保険者からの援助額（100万円）より多いため、被扶養者に該当しない。

解答 035 ×　法3条、S52.4.6保発9・庁保発9／P31　社労士24 P 12▼

本肢の場合、被保険者の年間収入の「3分の2未満」ではなく、「2分の1未満」である。

被保険者及び被扶養者　第2章　22

問題 036 令0404 A □□□□□□□

　夫婦共同扶養の場合における被扶養者の認定については、夫婦とも被用者保険の被保険者である場合には、被扶養者とすべき者の員数にかかわらず、健康保険被扶養者（異動）届が出された日の属する年の前年分の年間収入の多い方の被扶養者とする。

問題 037 O R □□□□□□□

　夫婦とも被用者保険の被保険者の場合、被扶養者とすべき者の員数にかかわらず、被保険者の年間収入（過去の収入、現時点の収入、将来の収入等から今後１年間の収入を見込んだものとする。以下同じ。）が多い方の被扶養者とするが、夫婦双方の年間収入の差額が年間収入の多い方の３割以内である場合は、被扶養者の地位の安定を図るため、届出により、主として生計を維持する者の被扶養者とする。

解答 036 × R3.4.30保保発0430第2号／P32 社労士24 P14▼

　年間収入については、「過去の収入、現時点の収入、将来の収入等から今後1年間の収入を見込んだもの」とする。

解答 037 × R3.4.30保保発0430第2号／P32 社労士24 P13▼

　夫婦とも被用者保険の被保険者の場合には、以下の取扱いとする。

①　被扶養者とすべき者の員数にかかわらず、被保険者の年間収入が多い方の被扶養者とする。

②　夫婦双方の年間収入の差額が年間収入の多い方の「1割」以内である場合は、被扶養者の地位の安定を図るため、届出により、主として生計を維持する者の被扶養者とする。

被保険者及び被扶養者　第2章　24

第1節　標準報酬月額

問題 038　平2902 B　□□□□□□□

健康保険の標準報酬月額は、第1級の58,000円から第47級の1,210,000円までの等級区分となっている。

問題 039　O　　R　　□□□□□□□

全国健康保険協会管掌健康保険において、事業主が負担すべき出張旅費を被保険者が立て替え、その立て替えた実費を弁償する目的で被保険者に出張旅費が支給された場合、当該出張旅費は報酬に該当するものとして取り扱われる。

問題 040　令0407 B　□□□□□□□

健康保険法第3条第5項によると、健康保険法において「報酬」とは、賃金、給料、俸給、手当、賞与その他いかなる名称であるかを問わず、労働者が、労働の対償として受けるすべてのものをいう。したがって、名称は異なっても同一性質を有すると認められるものが、年間を通じ4回以上支給される場合において、当該報酬の支給が給与規定、賃金協約等によって客観的に定められており、また、当該報酬の支給が1年間以上にわたって行われている場合は、報酬に該当する。

問題 041　O　　R　　□□□□□□□

被保険者が病気で欠勤中に就業規則により支給される休職手当は、労働の対償とはならず、報酬とされない。

25　第3章　標準報酬月額及び標準賞与額

第1節　標準報酬月額

解答 038　×　法40条／P36　社労士24P15▼

　健康保険の標準報酬月額は、第1級の58,000円から「第50級の1,390,000円」までの等級区分である。

解答 039　×　H29.6.2事務連絡／P38　社労士24P16▼

　本肢の場合、当該出張旅費は労働の対償とは認められないため、「報酬には該当しないもの」として取り扱われる。

解答 040　○　S36.1.26保発第5号／P38・39　社労士24P－▼

　記述の通り正しい。

解答 041　×　S25.1.12保文発44／P39　社労士24P16▼

　就業規則により支給される休職手当は、「報酬とされる」。なお、労働基準法で定める休業手当も「報酬とされる」。

標準報酬月額及び標準賞与額　第3章　26

問題 042 O R　□□□□□□□

　労働基準法に基づく解雇予告手当又は退職を事由に支払われる退職金であって、退職時に支払われるもの若しくは事業主の都合等により退職前に一時金として支払われるものは報酬又は賞与に含まれる。

問題 043 令0103 B　□□□□□□□

　保険料徴収の対象となる賞与とは、いかなる名称であるかを問わず、労働者が、労働の対償として3か月を超える期間ごとに支給されるものをいうが、6か月ごとに支給される通勤手当は、賞与ではなく報酬とされる。

問題 044 O R　□□□□□□□

　報酬の全部又は一部が通貨以外のもので支払われる場合においては、その価額は、その地方の時価によって厚生労働大臣が定めるが、全国健康保険協会は定款において各都道府県の支部ごとに別段の定めをすることができる。

解答 042 × H15.10.1保保発1001001／P39 社労士24 P16▼

　労働基準法に基づく解雇予告手当又は退職を事由に支払われる退職金であって、退職時に支払われるもの若しくは事業主の都合等により退職前に一時金として支払われるものは報酬又は賞与に「含まれない」。

+α 【退職手当】
　　・「退職時に」支払われるもの→報酬×
　　・在職時に「一時金として」支払われるもの→報酬×
　　・在職時に「報酬に上乗せ」して支払われるもの→報酬○
　　※考え方
　　・「退職時に」「一時金として」→１回払いのもの→報酬×
　　・「報酬に上乗せ」→毎月払いのもの→報酬○

解答 043 ○ 法３条、S27.12.4保文発7241／P40 社労士24 P16▼

　３か月を超える期間ごとに支給される通勤手当は、支給の実態は原則として毎月の通勤に対し支給され被保険者の通常の生計費の一部にあてられているから、報酬と解することが妥当とされている。

解答 044 × 法46条／P41 社労士24 P16▼

　本肢後段の全国健康保険協会に関する規定はない。なお、報酬の全部又は一部が通貨以外のもので支払われる場合において、「健康保険組合」は規約で別段の定めをすることができる。

標準報酬月額及び標準賞与額　第3章　28

問題 045　平2501C　□□□□□□□

　　現物で支給される食事や住宅は、厚生労働大臣が都道府県ごとに告示で定めた現物給与の価額に基づいて報酬に算入する（健康保険組合が規約で別段の定めをした場合を除く。）。なお、現物給与の価額の適用に当たっては、被保険者の勤務地（被保険者が常時勤務する場所）が所在する都道府県の現物給与の価額を適用することを原則とし、派遣労働者については、派遣元と派遣先の事業所が所在する都道府県が異なる場合、派遣先事業所が所在する都道府県の現物給与の価額を適用する。

問題 046　平2708C　□□□□□□□

　　月、週その他一定期間によって報酬が定められている被保険者に係る資格取得時の標準報酬月額は、被保険者の資格を取得した日現在の報酬の額をその期間における所定労働日数で除して得た額の30倍に相当する額を報酬月額として決定される。

問題 047　平2104B　□□□□□□□

　　日、時間、出来高又は請負によって報酬が定められている者が、被保険者資格を取得した場合には、当該資格を取得した月前3か月間に当該事業所で同様の業務に従事し、かつ、同様の報酬を受ける者が受けた報酬の額の平均をもって、その者の標準報酬月額とする。

問題 048　O　　R　□□□□□□□

　　資格取得時決定の規定によって決定された標準報酬月額は、1月1日から6月30日までの間に被保険者の資格を取得した者については、被保険者の資格を取得した月からその年の8月までの各月の標準報酬月額とするものとされる。

29　第3章　標準報酬月額及び標準賞与額

解答 045 ×　H25.2.4基労徴発0204第2号／P41　社労士24 P16▼

　　現物給与の価額の適用に当たって、派遣労働者については、派遣元事業所において社会保険の適用を受けるが、派遣元と派遣先の事業所が所在する都道府県が異なる場合は、「派遣元事業所」が所在する都道府県の現物給与の価額を適用することとされる。

解答 046 ×　法42条／P43　社労士24 P17▼

　　月、週その他一定期間によって報酬が定められる場合には、被保険者の資格を取得した日の現在の報酬の額をその期間の「総日数」で除して得た額の30倍に相当する額を報酬月額として、標準報酬月額を決定する。

解答 047 ×　法42条／P43　社労士24 P17▼

　　本肢の場合、当該資格を取得した月前「1か月間」に当該事業所で同様の業務に従事し、かつ、同様の報酬を受ける者が受けた「報酬の額を平均した額を報酬月額とし、標準報酬月額を決定する」。

解答 048 ×　法42条／P43　社労士24 P17▼

　　1月1日から「5月31日」までの間に被保険者の資格を取得した者については、資格取得時決定の規定によって決定された標準報酬月額は、被保険者の資格を取得した月からその年の8月までの各月の標準報酬月額とされる。

標準報酬月額及び標準賞与額　第3章　30

問題 049　令0102 A　□□□□□□□

　被保険者の資格を取得した際に決定された標準報酬月額は、その年の6月1日から12月31日までの間に被保険者の資格を取得した者については、翌年の9月までの各月の標準報酬月額とする。

問題 050　平2603 B　□□□□□□□

　4月に被保険者資格を取得した者（一定の短時間労働者を除く。）の定時決定について、4月、5月、6月に受けた報酬の支払基礎となった日数がそれぞれ5日、16日、18日であった場合、5月と6月に受けた報酬の平均額をもってその年の9月から翌年の8月までの標準報酬月額を決定する。

問題 051　平2810 C　□□□□□□□

　標準報酬月額の定時決定等における支払基礎日数の取扱いとして、月給者で欠勤日数分に応じ給与が差し引かれる場合にあっては、その月における暦日の数から当該欠勤日数を控除した日数を支払基礎日数とする。

問題 052　平2910 D　□□□□□□□

　標準報酬月額の定時決定について、賃金計算の締切日が末日であって、その月の25日に賃金が支払われる適用事業所において、6月1日に被保険者資格を取得した者については6月25日に支給される賃金を報酬月額として定時決定が行われるが、7月1日に被保険者資格を取得した者については、その年に限り定時決定が行われない。

解答 049 ✕ 法42条／P43 社労士24 P17▼

　資格取得時決定によって決定された標準報酬月額は、6月1日から12月31日までの間に被保険者の資格を取得した者については、翌年の「8月」までの各月の標準報酬月額とする。

解答 050 ✕ 法41条／P45 社労士24 P17▼

　定時決定の際の報酬月額の算定において、報酬支払基礎日数が17日（一定の短時間労働者を除く。）未満の月は除外されることから、本肢の場合、「6月の報酬」をもってその年の9月から翌年の8月までの標準報酬月額を決定する。

解答 051 ✕ H18.5.12庁保険発0512001／P45 社労士24 P17▼

　月給者で欠勤日数分に応じ給与が差し引かれる場合にあっては、就業規則、給与規程等に基づき「事業所が定めた日数」から当該欠勤日数を控除した日数による。

解答 052 ✕ 法41条／P46 社労士24 P18▼

　6月1日から7月1日までの資格取得者については、その年の定時決定は行われない。

　　+α 【定時決定が行われない場合】
　　　① 6月1日〜7月1日までの資格取得者
　　　② 7月〜9月までのいずれかの月から随時改定、育児休業等を終了した際の改定又は産前産後休業を終了した際の改定が行われる場合

問題 053 令0310 B □□□□□□□

　7月から9月までのいずれかの月から標準報酬月額が改定され、又は改定されるべき被保険者については、その年における標準報酬月額の定時決定を行わないが、7月から9月までのいずれかの月に育児休業等を終了した際の標準報酬月額の改定若しくは産前産後休業を終了した際の標準報酬月額の改定が行われた場合は、その年の標準報酬月額の定時決定を行わなければならない。

問題 054 平3002 D □□□□□□□

　標準報酬月額が1,330,000円（標準報酬月額等級第49級）である被保険者が、現に使用されている事業所において、固定的賃金の変動により変動月以降継続した3か月間（各月とも、報酬支払の基礎となった日数が、17日以上であるものとする。）に受けた報酬の総額を3で除して得た額が1,415,000円となった場合、随時改定の要件に該当する。

問題 055 平2609 D □□□□□□□

　月給制の被保険者について3月に行うべき昇給が、事業主の都合により5月に行われ、3月に遡った昇給差額が5月に支払われた場合、随時改定の対象になるのは5月、6月及び7月の3か月間に受けた報酬の総額（昇給差額を除く。）を3で除して得た額であり、それが随時改定の要件に該当したときは8月から標準報酬月額が改定される。

33　第3章　標準報酬月額及び標準賞与額

解答 053　×　法41条／P46　社労士24 P18▼

　随時改定、育児休業等を終了した際の改定又は産前産後休業を終了した際の改定の規定により７月から９月までのいずれかの月から標準報酬月額を改定され、又は改定されるべき被保険者については、その年の定時決定は行われない。

解答 054　○　法43条、S36.1.26保発4、H28.3.14保発0314第1号
　　　　　　　　　／P48　社労士24 P18▼

　標準報酬月額が第49等級（報酬月額1,295,000円以上1,355,000円未満）である者が、昇給により第50等級で報酬月額1,415,000円以上に該当した場合、実質２等級の変動と考え随時改定の対象となる。

解答 055　○　法43条／P49　社労士24 P19▼

　昇給が遡及して行われ、それに伴う差額支給によって報酬月額に変動が生じたときの改定時期は、差額支給のあった月から４か月目である。

標準報酬月額及び標準賞与額　第3章　34

問題 056　令0301 C　　□□□□□□□

　その年の１月から６月までのいずれかの月に随時改定された標準報酬月額は、再度随時改定、育児休業等を終了した際の標準報酬月額の改定又は産前産後休業を終了した際の標準報酬月額の改定を受けない限り、その年の８月までの標準報酬月額となり、７月から12月までのいずれかの月に改定された標準報酬月額は、再度随時改定、育児休業等を終了した際の標準報酬月額の改定又は産前産後休業を終了した際の標準報酬月額の改定を受けない限り、翌年の８月までの標準報酬月額となる。

問題 057　O　R　　□□□□□□□

　産前産後休業を終了した際の改定は、固定的賃金に変動がなく、残業手当の減少によって報酬月額が変動した場合は、当該産前産後休業を終了した際の改定の対象とはならない。

問題 058　平2405 B　　□□□□□□□

　保険者等は、育児休業等を終了した被保険者が、育児休業等を終了した日において当該育児休業等に係る３歳に満たない子を養育する場合、その使用される事業所の事業主を経由して厚生労働省令で定めるところにより保険者等に申出をしたときは、標準報酬月額を改定する。

問題 059　平2502 E　　□□□□□□□

　育児休業等終了時の標準報酬月額の改定は、標準報酬月額に２等級以上の差が生じていなくても行うことができるが、育児休業等終了日の翌日が属する月以後３か月間のいずれかの月に報酬支払の基礎となった日数が17日（一定の短時間労働者については、11日）未満の月がある場合は、当該改定を行うことができない。

35　第３章　標準報酬月額及び標準賞与額

解答 056　○　法43条／P49　社労士24P19▼

随時改定された標準報酬月額の有効期間については、下記である。

①　改定月が1月から6月　→　その年の8月まで

②　改定月が7月から12月　→　翌年の8月まで

解答 057　×　法43条の3／P51　社労士24P20▼

産前産後休業を終了した際の改定は、固定的賃金に変動がなく残業手当の減少によって報酬月額が変動した場合でも、当該産前産後休業を終了した際の改定の「対象となる」。

解答 058　○　法43条の2／P52　社労士24P21▼

なお、育児休業等終了日の翌日に産前産後休業を開始している被保険者については、育児休業等終了時改定は行われない。

解答 059　×　法43条の2／P53　社労士24P21▼

育児休業等終了時の標準報酬月額の改定は、育児休業等終了日の翌日が属する月以後3か月間のいずれかの月に報酬支払の基礎となった日数が「17日（一定の短時間労働者については、11日。以下同じ。）未満の月がある場合、17日未満の月を除外して改定を行う」。

標準報酬月額及び標準賞与額　第3章　36

問題 060 O R □□□□□□□

育児休業等終了時の改定が行われる場合、育児休業等終了日の翌日から起算して３か月を経過した日の属する月の翌月から、標準報酬月額が改定される。

問題 061 O R □□□□□□□

同時に２つ以上の事業所で報酬を受ける被保険者について標準報酬月額を算定する場合、各事業所について定時決定等の規定によって算定した標準報酬月額の合算額をその者の標準報酬月額とする。

問題 062 平3003 D □□□□□□□

全国健康保険協会管掌健康保険の被保険者について、標準報酬月額の定時決定に際し、４月、５月、６月のいずれかの１か月において休職し、事業所から低額の休職給を受けた場合、その休職給を受けた月を除いて報酬月額を算定する。

問題 063 平2708 E □□□□□□□

標準報酬月額の定時決定に際し、当年の４月、５月、６月の３か月間に受けた報酬の額に基づいて算出した標準報酬月額と、前年の７月から当年の６月までの間に受けた報酬の額に基づいて算出した標準報酬月額の間に２等級以上の差が生じ、この差が業務の性質上例年発生することが見込まれるため保険者等算定に該当する場合の手続きはその被保険者が保険者等算定の要件に該当すると考えられる理由を記載した申立書にその申立に関する被保険者の同意書を添付して提出する必要がある。

解答 060 × 法43条の２／P53 社労士24 P21▼

育児休業等終了時の改定は、育児休業等終了日の翌日から起算して「２か月」を経過した日の属する月の翌月から、行われる。

解答 061 × 法44条／P54 社労士24 P22▼

同時に２つ以上の事業所で報酬を受ける被保険者について「報酬月額」を算定する場合、各事業所について定時決定等の規定によって算定した「額の合算額をその者の報酬月額」とする。

解答 062 ○ S36.1.26保発4／P55 社労士24 P22▼

記述の通り正しい。

解答 063 ○ H23.3.31保保発0331／P55 社労士24 P23▼

なお、随時改定における保険者等算定については下記の扱いがある。

1　算定月額（随時改定の規定により算定した額）から算出した標準報酬月額による等級と、昇給（降給）月以後の継続した３か月の間に受けた固定的賃金の月平均額に昇給（降給）月前の継続した９か月及び昇給（降給）月以後の継続した３か月の間に受けた非固定的賃金の月平均額を加えた額（「昇給（降給）時の年間平均額」という。）から算出した標準報酬月額による等級の間に２等級以上の差を生じた場合であって、当該差が業務の性質上例年発生することが見込まれる場合

　→昇給（降給）時の年間平均額から算出した報酬月額

2　上記１による保険者等算定を行う場合は、昇給（降給）時の年間平均額から算出した標準報酬月額による等級と現在の等級との間に１等級以上の差を生じた場合は、随時改定を行うこと。

標準報酬月額及び標準賞与額　第3章　38

問題 064　令0110E　□□□□□□□

　介護休業期間中の標準報酬月額は、その休業期間中に一定の介護休業手当の支給があったとしても、休業直前の標準報酬月額の算定の基礎となった報酬に基づき算定した額とされる。

問題 065　平2802C　□□□□□□□

　毎年３月31日における標準報酬月額等級の最高等級に該当する被保険者数の被保険者総数に占める割合が100分の1.5を超える場合において、その状態が継続すると認められるときは、その年の９月１日から、政令で、当該最高等級の上に更に等級を加える標準報酬月額の等級区分の改定を行うことができるが、その年の３月31日において、改定後の標準報酬月額等級の最高等級に該当する被保険者数の同日における被保険者総数に占める割合が100分の１を下回ってはならない。

第２節　標準賞与額

問題 066　令0301D　□□□□□□□

　前月から引き続き被保険者であり、12月10日に賞与を50万円支給された者が、同月20日に退職した場合、事業主は当該賞与に係る保険料を納付する義務はないが、標準賞与額として決定され、その年度における標準賞与額の累計額に含まれる。

39　第３章　標準報酬月額及び標準賞与額

解答 064 ○　H11.3.31保険発46・庁保険発9／P56　社労士24 P22▼

　育児・介護休業期間中の標準報酬月額は、休業開始直前の標準報酬月額の
算定の基礎となった報酬月額に基づき算定した額となる。

解答 065 ×　法40条／P57　社労士24 P24▼

　等級区分の改定については、その年の３月31日において、改定後の標準報
酬月額等級の最高等級に該当する被保険者数の被保険者総数に占める割合が
100分の「0.5」を下回ってはならない。

第２節　標準賞与額

解答 066 ○　法45条、156条、H19.5.1庁保険発0501001
　　　　　　　／P59　社労士24 P25▼

　前月より引き続き被保険者であった者が被保険者資格を喪失した日の属す
る月において、被保険者資格を喪失する前に支払われた賞与は、保険料の賦
課の対象にはならないが、標準賞与額として決定され、年度における標準賞
与額の累計額に算入される。

標準報酬月額及び標準賞与額　第３章　　40

問題 067 O　　R　　☐☐☐☐☐☐☐

　全国健康保険協会管掌健康保険の適用事業所であるA社で、3月に200万円、6月に280万円の賞与が支給され、それぞれ標準賞与額が200万円及び280万円に決定された被保険者が、A社を同年8月31日付で退職し、その翌日に資格喪失した。その後、同年9月11日に健康保険組合管掌健康保険の適用事業所であるB社で被保険者資格を取得し、同年12月に200万円の賞与の支給を受けた。この場合、「健康保険標準賞与額累計申出書」を当該健康保険組合に提出することにより、当該被保険者の標準賞与額は93万円と決定される。

問題 068　令0110D　　☐☐☐☐☐☐☐

　全国健康保険協会管掌健康保険における同一の事業所において、賞与が7月150万円、12月250万円、翌年3月200万円であった場合の被保険者の標準賞与額は、7月150万円、12月250万円、3月173万円となる。一方、全国健康保険協会管掌健康保険の事業所において賞与が7月150万円であり、11月に健康保険組合管掌健康保険の事業所へ転職し、賞与が12月250万円、翌年3月200万円であった場合の被保険者の標準賞与額は、7月150万円、12月250万円、3月200万円となる。

解答 067 ×　法45条／P59・58　社労士24P25▼

　標準賞与額の累計額の算入については、同一年度、同一保険者内で行われる。A社での３月の200万円と６月の280万円は年度が異なるため累計されない。また、A社での６月の280万円とB社での同年12月の200万円は、保険者が異なるため累計されない。したがって、B社での同年12月の標準賞与額は「200万円」となる。

解答 068　○　法45条／P59　社労士24P25▼

　本肢前段については、標準賞与額の年度累計額の限度が573万円であるため、３月の標準賞与額は「173万円」となる。本肢後段については、標準賞与額の年度累計額の限度は保険者ごとに適用することより、健康保険組合における標準賞与額は年度累計額の限度573万円を超えないため「12月250万円、３月200万円」となる。

標準報酬月額及び標準賞与額　第３章　42

第1節　国庫負担及び国庫補助

問題 069　O　R　　□□□□□□□

　健康保険事業の事務の執行に要する費用は、協会管掌健康保険、組合管掌健康保険の別を問わず、当該健康保険事業の事務の執行に要する費用に2分の1を乗じて得た額が補助されている。

問題 070　O　R　　□□□□□□□　**改正**

　法第152条の2によると、出産育児一時金及び家族出産育児一時金（出産育児一時金等）の支給に要する費用の一部については、政令で定めるところにより、高齢者医療確保法の規定により社会保険診療報酬支払基金又は国民健康保険団体連合会が保険者に対して交付する出産育児交付金をもって充てる。

問題 071　O　R　　□□□□□□□

　協会管掌健康保険については、当分の間、主な保険給付費の1000分の120を国庫が補助する。

問題 072　令0302C　　□□□□□□□　☆

　全国健康保険協会管掌健康保険の事業の執行に要する費用のうち、出産育児一時金、家族出産育児一時金、埋葬料（埋葬費）及び家族埋葬料の支給に要する費用については、国庫補助は行われない。

43　第4章　費用の負担

第1節　国庫負担及び国庫補助

解答 069　×　法151条、152条／P62・63　社労士24P26▼

　健康保険事業の事務の執行に要する費用については、毎年度、「予算の範囲内で国庫が負担」する。また、組合管掌健康保険の場合、各健康保険組合における被保険者数を基準として厚生労働大臣が国庫負担金を算定する。したがって、本肢のように健康保険事業の事務の執行に要する費用に2分の1を乗じて得た額が補助されているわけではない。

解答 070　×　法152条の2／P63　社労士24P27▼

　出産育児一時金及び家族出産育児一時金（出産育児一時金等）の支給に要する費用の一部については、政令で定めるところにより、高齢者医療確保法の規定により「社会保険診療報酬支払基金」が保険者に対して交付する出産育児交付金をもって充てる。

解答 071　×　法153条、附則5条／P64　社労士24P27▼

　主な保険給付費に対する国庫補助の割合は、「1000分の164」である。

解答 072　○　法153条／P64　社労士24P27▼

【国庫補助の対象とならないもの】
ア　健康保険組合が管掌する健康保険事業の執行に要する費用
イ　後期高齢者支援金の納付に要する費用
ウ　介護納付金の納付に要する費用
エ　埋葬料、埋葬に要した費用に相当する金額、出産育児一時金、家族埋葬料、家族出産育児一時金（特別な出費への給付）
オ　療養の給付の一部負担金に相当する額

費用の負担　第4章　44

問題 073　平3004D　□□□□□□□

国庫は、予算の範囲内において、健康保険事業の執行に要する費用のうち、高齢者医療確保法の規定による特定健康診査及び特定保健指導の実施に要する費用の全部を補助することができる。

第2節　保険料等

問題 074　令0204A　□□□□□□□□ ☆

厚生労働大臣が健康保険料を徴収する場合において、適用事業所の事業主から健康保険料、厚生年金保険料及び子ども・子育て拠出金の一部の納付があったときは、当該事業主が納付すべき健康保険料、厚生年金保険料及び子ども・子育て拠出金の額を基準として按分した額に相当する健康保険料の額が納付されたものとされる。

問題 075　令0110C　□□□□□□□

給与計算の締切り日が毎月15日であって、その支払日が当該月の25日である場合、7月30日で退職し、被保険者資格を喪失した者の保険料は7月分まで生じ、8月25日支払いの給与（7月16日から7月30日までの期間に係るもの）まで保険料を控除する。

問題 076　平2203A　□□□□□□□

全国健康保険協会は、被保険者が介護保険第2号被保険者でない場合であっても、当該被保険者に介護保険第2号被保険者である被扶養者がある場合には、規約により、当該被保険者（特定被保険者）に介護保険料額の負担を求めることができる。

45　第4章　費用の負担

解答 073　×　法154条の2／P64　社労士24P27▼

　　国庫は、予算の範囲内において、健康保険事業の執行に要する費用のうち、特定健康診査等の実施に要する費用の「一部」を補助することができる。

第2節　保険料等

解答 074　○　法159条の2／P66　社労士24P28▼

　　記述の通り正しい。

解答 075　×　法156条／P67　社労士24P29▼

　　本肢は7月30日に適用事業所を退職し、その翌日である7月31日が被保険者資格の喪失日となる。この場合、「6月分」までの保険料を納付することとなる。

解答 076　×　法附則7条／P69　社労士24P32▼

　　本肢の特定被保険者に係る取扱をすることができるのは、「健康保険組合」である。

費用の負担　第4章　46

問題 077 ○　R　　□□□□□□□

　全国健康保険協会は5年ごとに、翌事業年度以降の5年を一期として協会管掌健康保険の被保険者数及び総報酬額の見通し並びに保険給付に要する費用の額、保険料の額その他の健康保険事業の収支の見通しを作成し、公表するものとする。

問題 078　平2310A　　□□□□□□□

　全国健康保険協会が都道府県単位保険料率を変更しようとするときは、あらかじめ、運営委員会が当該変更に係る都道府県に所在する支部の支部長の意見を聴いたうえで、理事長に対しその変更について意見の申出を行う。

問題 079　令0106A　　□□□□□□□

　全国健康保険協会は政府から独立した保険者であることから、厚生労働大臣は、事業の健全な運営に支障があると認める場合には、全国健康保険協会に対し、都道府県単位保険料率の変更の認可を申請すべきことを命ずることができるが、厚生労働大臣がその保険料率を変更することは一切できない。

問題 080　令0404C　　□□□□□□□

　全国健康保険協会が管掌する健康保険の被保険者に係る介護保険料率は、各年度において保険者が納付すべき介護納付金（日雇特例被保険者に係るものを除く。）の額を、前年度における当該保険者が管掌する介護保険第2号被保険者である被保険者の標準報酬月額の総額及び標準賞与額の合算額で除して得た率を基準として、保険者が定める。

解答 077 ×　　法160条／P73　社労士24 P31▼

　全国健康保険協会は、「2年ごとに、翌事業年度以降の5年間」についての協会管掌健康保険の被保険者数及び総報酬額の見通し並びに保険給付に要する費用の額、保険料の額その他の健康保険事業の収支の見通しを作成し、公表するものとする。

解答 078 ×　　法160条／P74　社労士24 P31▼

　全国健康保険協会が都道府県単位保険料率を変更しようとするときは、あらかじめ、「理事長」が当該変更に係る都道府県に所在する支部の支部長の意見を聴いた上で、「運営委員会の議を経なければならない」。なお、「支部長」は、当該意見を求められた場合のほか、都道府県単位保険料率の変更が必要と認める場合には、あらかじめ、当該支部に設けられた「評議会」の意見を聴いた上で、理事長に対し、当該都道府県単位保険料率の変更について意見の申出を行うものとされている。

解答 079 ×　　法160条／P75　社労士24 P32▼

　一定の場合において、厚生労働大臣が全国健康保険協会に対し、相当の期間を定めて都道府県単位保険料率の変更の認可を申請すべきことを命じ、全国健康保険協会が当該期間内に申請をしないときは、厚生労働大臣は、社会保障審議会の議を経て、都道府県単位保険料率を変更することが「できる」。

解答 080 ×　　法160条／P76　社労士24 P33▼

　介護保険料率は、各年度において保険者が納付すべき介護納付金（日雇特例被保険者に係るものを除く。）の額を「当該年度」における当該保険者が管掌する介護保険第2号被保険者である被保険者の「総報酬額の総額の見込額」で除して得た率を基準として、保険者が定める。

費用の負担　第4章　48

問題 081　平2906 B ☐ ☐ ☐ ☐ ☐ ☐ ☐

　事業主は、当該事業主が被保険者に対して支払うべき報酬額が保険料額に満たないため保険料額の一部のみを控除できた場合においては、当該控除できた額についてのみ保険者等に納付する義務を負う。

問題 082　令0110 B ☐ ☐ ☐ ☐ ☐ ☐ ☐ ☆

　被保険者の長期にわたる休職状態が続き実務に服する見込がない場合又は公務に就任しこれに専従する場合においては被保険者資格を喪失するが、被保険者の資格を喪失しない病気休職の場合は、賃金の支払停止は一時的であり、使用関係は存続しているため、事業主及び被保険者はそれぞれ賃金支給停止前の標準報酬に基づく保険料を折半負担し、事業主はその納付義務を負う。

問題 083　令0310 C ☐ ☐ ☐ ☐ ☐ ☐ ☐

　事業主は、被保険者に対して通貨をもって報酬を支払う場合においては、被保険者の負担すべき前月の標準報酬月額に係る保険料を報酬から控除することができる。ただし、被保険者がその事業所に使用されなくなった場合においては、前月及びその月の標準報酬月額に係る保険料を報酬から控除することができる。

問題 084　O　　R ☐ ☐ ☐ ☐ ☐ ☐ ☐

　厚生労働大臣は、納付義務者から、預金又は貯金の払出しとその払い出した金銭による保険料の納付をその預金口座又は貯金口座のある金融機関に委託して行うことを希望する旨の申出があった場合、その申出を承認しなければならない。

49　第4章　費用の負担

解答 081 ×　S2.2.14保理218／P77　社労士24 P 33▼

　被保険者に支払う報酬から控除した被保険者の負担する保険料の額のいかんにかかわらず、事業主は保険料全額の納付義務を負う。

解答 082 ○　S26.3.9保文発619／P78　社労士24 P －▼

　被保険者の資格を喪失することを要しないものと認められる病気休職等の場合は、賃金の支払停止は一時的なものであり使用関係は存続するものとみられるものであるから、事業主及び被保険者はそれぞれ賃金支給停止前の標準報酬に基づく保険料を折半負担し事業主はその納付義務を負うものとして取り扱うことが妥当と認められる。

解答 083 ○　法167条／P78　社労士24 P 34▼

　記述の通り正しい。

解答 084 ×　法166条／P79　社労士24 P 34▼

　厚生労働大臣は、納付義務者から、預金又は貯金の払出しとその払い出した金銭による保険料の納付をその預金口座又は貯金口座のある金融機関に委託して行うことを希望する旨の申出があった場合、「その納付が確実と認められ、かつ、その申出を承認することが保険料の徴収上有利と認められるときに限り、その申出を承認することができる」。

費用の負担　第4章　50

問題 085　令0307 E　　□□□□□□□

　保険者等（被保険者が全国健康保険協会が管掌する健康保険の任意継続被保険者である場合は全国健康保険協会、被保険者が健康保険組合が管掌する健康保険の被保険者である場合は当該健康保険組合、これら以外の場合は厚生労働大臣をいう。）は、被保険者に関する保険料の納入の告知をした後に告知をした保険料額が当該納付義務者の納付すべき保険料額を超えていることを知ったとき、又は納付した被保険者に関する保険料額が当該納付義務者の納付すべき保険料額を超えていることを知ったときは、その超えている部分に関する納入の告知又は納付を、その告知又は納付の日の翌日から6か月以内の期日に納付されるべき保険料について納期を繰り上げてしたものとみなすことができる。

問題 086　平2703 D　　□□□□□□□

　被保険者が刑事施設に拘禁されたときは、原則として、疾病、負傷又は出産につき、その期間に係る保険給付は行われない。また、前月から引き続き一般の被保険者である者が刑事施設に拘禁された場合については、原則として、その翌月以後、拘禁されなくなった月までの期間、保険料は徴収されない。

問題 087　令0108 B　　□□□□□□□

　産前産後休業期間中における保険料の免除については、例えば、5月16日に出産（多胎妊娠を除く。）する予定の被保険者が3月25日から出産のため休業していた場合、当該保険料の免除対象は4月分からであるが、実際の出産日が5月10日であった場合は3月分から免除対象になる。

51　第4章　費用の負担

解答 085 ○ 法164条／P80 社労士24 P35▼

記述の通り正しい。

解答 086 × 法158条／P81 社労士24 P35▼

前月から引き続き被保険者（任意継続被保険者、特例退職被保険者を除く。）である者が刑事施設に拘禁された場合は、「その月以後」、拘禁されなくなった「月の前月」までの期間、保険料は徴収されない。

解答 087 ○ 法159条の３、102条／P81等 社労士24 P35等▼

５月16日が出産予定日の場合、産前休業（42日間）の初日は「４月５日」となり、この日が保険料免除に係る「産前産後休業を開始した日」となるため、「４月分」より保険料が免除される。一方、５月10日が実際の出産日の場合、産前休業（42日間）の初日は「３月30日」となり、この日が保険料免除に係る「産前産後休業を開始した日」となるため、「３月分」より保険料が免除される。

費用の負担　第４章　52

問題 088 O R □□□□□□□

　法第159条（育児休業等期間中の保険料の免除）の規定において、育児休業等を開始した日の属する月とその育児休業等が終了する日の翌日が属する月とが同一である場合、当該月における育児休業等の日数に関係なく標準報酬月額に係る保険料は徴収しない。

問題 089 O R □□□□□□□

　育児休業等による保険料の免除の規定について、育児休業等の対象となる子が３歳に達する日以後の休業については、労使協定に定められている場合に限り、適用されることとなる。

問題 090 令0504D 新 □□□□□□□

　保険料の納付義務者が、国税、地方税その他の公課の滞納により、滞納処分を受けるときは、保険者は、保険料の納期が到来したときに初めて強制的に保険料を徴収することができる。

53　第4章　費用の負担

解答 088 ×　法159条／P82　社労士24P35▼

　法第159条の規定における免除期間は、下記となっている。

　次の①・②に掲げる場合の区分に応じ、当該①・②に定める月の当該被保険者に関する保険料（その育児休業等の期間が１か月以下である者については、標準報酬月額に係る保険料に限る。）は、徴収しない。

① 　その育児休業等を開始した日の属する月とその育児休業等が終了する日の翌日が属する月とが異なる場合

→ 　その育児休業等を開始した日の属する月からその育児休業等が終了する日の翌日が属する月の前月までの月

② 　その育児休業等を開始した日の属する月とその育児休業等が終了する日の翌日が属する月とが同一であり、「かつ、当該月における育児休業等の日数が14日以上である場合」

→ 　当該月

解答 089 ×　R4.8.9保保発0809第2号／P84　社労士24P35▼

　育児休業等による保険料の免除の規定は、育児休業等の対象となる子が３歳に達する日以後の休業について労使協定により定められている場合であっても、「３歳未満の子を養育するための育児休業等に限って適用する」こととされる。

解答 090 ×　法172条／P84　社労士24P36▼

　本肢については、「納期前であっても」保険料をすべて徴収することができる。

費用の負担　第4章　54

問題 091　令0505 E　新　□□□□□□□

　健康保険法第172条によると、保険料は、納付義務者が破産手続開始の決定を受けたときは、納期前であっても、すべて徴収することができる。

問題 092　平3006 B　□□□□□□□

　工場の事業譲渡によって、被保険者を使用している事業主が変更した場合、保険料の繰上徴収が認められる事由に該当することはない。

問題 093　平2703 C　□□□□□□□

　健康保険組合が保険料の納付義務者に対して所定の事項を記載した納入告知書で納入の告知をした後、健康保険法第172条の規定により納期日前に保険料のすべてを徴収しようとする場合、当該納期日の変更については、口頭で告知することができる。

問題 094　平2310 E　□□□□□□□

　全国健康保険協会が、保険料の滞納処分について、国税滞納処分の例により処分を行う場合には、処分後に厚生労働大臣にその旨を報告しなければならない。

55　第4章　費用の負担

解答 091 ○ 法172条／P84 社労士24P36▼

【繰上徴収事由】

下記の場合、納期前であっても、保険料をすべて徴収することができる。

① 納付義務者が、以下ア～オのいずれかに該当する場合

　ア 国税、地方税その他の公課の滞納によって、滞納処分を受けるとき

　イ 強制執行を受けるとき

　ウ 破産手続開始の決定を受けたとき

　エ 企業担保権の実行手続の開始があったとき

　オ 競売の開始があったとき

② 法人である納付義務者が、解散をした場合

③ 被保険者の使用される事業所が、廃止された場合

解答 092 × S5.11.5保理513／P85 社労士24P36▼

工場又は事業場において譲渡により事業主に変更があったときは、被保険者の使用される事業所が廃止されたときに該当するものとして繰上徴収することができる。

解答 093 × 則137条／P85 社労士24P－▼

健康保険組合は、納期日の変更を納付義務者に「書面」で告知しなければならない。

解答 094 × 法180条／P87 社労士24P37▼

全国健康保険協会又は健康保険組合が、保険料の滞納処分について、国税滞納処分の例により処分を行う場合においては、「厚生労働大臣の認可」を受けなければならない。

費用の負担 第4章 56

問題 095　平2805 B　□□□□□□□□

適用事業所の事業主が納期限が5月31日である保険料を滞納し、指定期限を6月20日とする督促を受けたが、実際に保険料を完納したのが7月31日である場合は、原則として6月1日から7月30日までの日数によって計算された延滞金が徴収されることになる。

問題 096　令0106 B　□□□□□□□□

保険料の先取特権の順位は、国税及び地方税に優先する。また、保険料は、健康保険法に別段の規定があるものを除き、国税徴収の例により徴収する。

問題 097　令0106 D　□□□□□□□□

厚生労働大臣は、全国健康保険協会と協議を行い、効果的な保険料の徴収を行うために必要があると認めるときは、全国健康保険協会に保険料の滞納者に関する情報その他必要な情報を提供するとともに、当該滞納者に係る保険料の徴収を行わせることができる。

解答 095 　○　　法181条／Ｐ90　社労士24Ｐ38▼

　　延滞金の計算期間については、納期限の翌日（本肢の場合、6月1日）か
ら徴収金完納又は財産差押えの日の前日（本肢の場合、7月30日）までの期
間となる。

解答 096 　×　　法182条／Ｐ92　社労士24Ｐ39▼

　　保険料等の先取特権の順位は、国税及び地方税に「次ぐ」ものとする。

解答 097 　○　　法181条の3／Ｐ93　社労士24Ｐ39▼

　　記述の通り正しい。

費用の負担　第4章　　58

第1節　保険給付の種類

問題 098　平2407C　□□□□□□□

　全国健康保険協会は、保険給付に併せて、規約で定めるところにより、付加給付を行うことができる。

問題 099　平2603C　□□□□□□□

　健康保険組合は、規約に定めるところにより、傷病手当金について付加給付を行うことが認められているが、当該付加給付は健康保険法に定める支給期間内においてその額を付加して給付されるものであり、法定の支給期間終了後にその期間を延長して支給することは認められない。

第2節　療養の給付

問題 100　平2204A　□□□□□□□

　被保険者の資格取得が適正である場合、その資格取得前の疾病又は負傷については、6か月以内のものに限り保険給付を行う。

問題 101　令0204B　□□□□□□□

　定期健康診断によって初めて結核症と診断された患者について、その時のツベルクリン反応、血沈検査、エックス線検査等の費用は保険給付の対象とはならない。

59　第5章　保険給付

第1節　保険給付の種類

解答 098　×　法53条／P96　社労士24P40▼

「健康保険組合」は、法定の保険給付に併せて、規約で定めるところにより、保険給付としてその他の給付を行うことができる。

解答 099　×　法53条、H19.2.1保発0201001／P96　社労士24P40▼

傷病手当金に係る付加給付について、法定の支給期間終了後にその期間を延長して支給することは「認められる」。

第2節　療養の給付

解答 100　×　S26.10.16保文発4111／P97　社労士24P41▼

被保険者の資格取得が適正である限り、その資格取得前の疾病又は負傷に対しても、「被保険者として受けることのできる期間」、保険給付が行われるものとされ、「6か月以内」という期間の限定はない。

解答 101　○　法63条／P97　社労士24P－▼

【療養の給付の対象とならない疾病・負傷】
ア　業務災害による疾病・負傷
イ　一般的な健康診断
ウ　単なる疲労・けん怠、美容整形
エ　正常な妊娠・出産
オ　経済的な理由による人工妊娠中絶

保険給付　第5章　60

問題 102 令0501 E 🆕 □□□□□□□

食事の提供である療養であって入院療養と併せて行うもの（療養病床への入院及びその療養に伴う世話その他の看護であって、当該療養を受ける際、65歳に達する日の属する月の翌月以後である被保険者に係るものを除く。）は、療養の給付に含まれる。

問題 103 O R □□□□□□□

患者申出療養とは、高度の医療技術を用いた療養であって、保険医療機関の申出に基づき、療養の給付の対象とすべきものであるか否かについて、適正な医療の効率的な提供を図る観点から評価を行うことが必要な療養として厚生労働大臣が定めるものをいう。

問題 104 平3002 A □□□□□□□

保険医療機関として指定を受けた病院であっても、健康保険組合が開設した病院は、診療の対象者をその組合員である被保険者及び被扶養者のみに限定することができる。

問題 105 平2906 E □□□□□□□

保険医の登録をした医師の開設した診療所で、かつ、当該開設者である医師のみが診療に従事している場合には、当該診療所は保険医療機関の指定があったものとみなされる。なお、当該診療所は、健康保険法第65条第3項又は第4項に規定するいわゆる指定の拒否又は一部拒否の要件に該当しないものとする。

問題 106 O R □□□□□□□

保険医療機関又は保険薬局の指定の取消が行われた場合には、原則として、取消後3年間は再指定を行わないこととされている。

61　第5章　保険給付

解答 102　×　法63条、85条／P98・115　社労士24 P41・49▼

本肢については、「入院時食事療養費」として行われる。

解答 103　×　法63条／P99　社労士24 P53▼

患者申出療養とは、高度の医療技術を用いた療養であって、「当該療養を受けようとする者」の申出に基づき、療養の給付の対象とすべきものであるか否かについて、適正な医療の効率的な提供を図る観点から評価を行うことが必要な療養として厚生労働大臣が定めるものをいう。

解答 104　×　S32.9.2保険発123／P99　社労士24 P48▼

保険医療機関は、すべての被保険者及び被扶養者の診療を行うものであり、健康保険組合が開設した病院であって保険医療機関として指定を受けたものは、診療の対象者をその組合員である被保険者及び被扶養者のみに限定することはできない。

解答 105　○　法69条／P101　社労士24 P43▼

診療所又は薬局が医師若しくは歯科医師又は薬剤師の開設したものであり、かつ、当該開設者である医師若しくは歯科医師又は薬剤師のみが診療又は調剤に従事している場合において、当該医師若しくは歯科医師又は薬剤師について保険医又は保険薬剤師の登録があったときは、当該診療所又は薬局について、保険医療機関又は保険薬局の指定があったものとみなす。

解答 106　×　法65条／P102　社労士24 P44▼

本肢については、「3年間」ではなく「5年間」である。

保険給付　第5章　62

問題 107　O　　R　　　□□□□□□□

　保険医療機関又は保険薬局の指定は、病院若しくは診療所又は薬局の開設者の申請により、厚生労働大臣が行い、指定の日から起算して3年を経過したときは、その効力を失う。

問題 108　平2804D　　　□□□□□□□

　保険医個人が開設する診療所は、病床の有無に関わらず、保険医療機関の指定を受けた日から、その指定の効力を失う日前6か月から同日前3か月までの間に、別段の申出がないときは、保険医療機関の指定の申出があったものとみなされる。

問題 109　令0302A　　　□□□□□□□ ☆

　保険医療機関又は保険薬局は、健康保険法の規定によるほか、船員保険法、国民健康保険法、国家公務員共済組合法（他の法律において準用し、又は例による場合を含む。）又は地方公務員等共済組合法による療養の給付並びに被保険者及び被扶養者の療養並びに高齢者医療確保法による療養の給付、入院時食事療養費に係る療養、入院時生活療養費に係る療養及び保険外併用療養費に係る療養を担当するものとされている。

問題 110　O　　R　　　□□□□□□□ ☆

　保険医療機関のうち、医療法に規定する一般病床を有する同法に規定する地域医療支援病院（一般病床の数が200未満であるものを除く。）であるものは、選定療養（厚生労働大臣の定めるものに限る。）に関し、当該療養に要する費用の範囲内において厚生労働大臣の定める金額以上の金額の支払を求める一定の措置を講ずるものとするが、当該厚生労働大臣の定める金額については、医師である保険医による初診の場合は2千5百円、歯科医師である保険医による初診の場合は1千5百円となっている。

解答 107 × 法68条／P103 社労士24 P44▼

　　保険医療機関又は保険薬局の指定は、病院若しくは診療所又は薬局の開設者の申請により、厚生労働大臣が行い、指定の日から起算して「６年」を経過したときは、その効力を失う。

解答 108 × 法68条／P103 社労士24 P44▼

　　本肢の規定は、病院及び「病床を有する診療所」には適用されない。

解答 109 ○ 法70条／P104 社労士24 P45▼

　　記述の通り正しい。

解答 110 × 療養担当規則５条、R4.3.4厚労告52／P104 社労士24 P55▼

本肢の厚生労働大臣が定める金額については、下記である。

【初診】

・医師である保険医による初診の場合→「７千円」

・歯科医師である保険医による初診の場合→「５千円」

【再診】

・医師である保険医による再診の場合→３千円

・歯科医師である保険医による再診の場合→１千９百円

保険給付　第5章　64

問題 111 平2907B □□□□□□□

保険医療機関又は保険薬局は、14日以上の予告期間を設けて、その指定を辞退することができ、保険医又は保険薬剤師は、14日以上の予告期間を設けて、その登録の抹消を求めることができる。

問題 112 平2308D □□□□□□□

厚生労働大臣は、療養の給付に要する費用の算定方法、評価療養（高度の医療技術に係るものを除く。）又は選定療養の定めをしようとするときは、社会保障審議会に諮問するものとされている。

問題 113 令0504A 🆕 □□□□□□□□ ☆

厚生労働大臣は、入院時生活療養費に係る生活療養の費用の額の算定に関する基準を定めようとするときは、社会保障審議会に諮問するものとする。

問題 114 O R □□□□□□□

厚生労働大臣は、保険医の登録を行おうとするときは、地方社会保険医療協議会に諮問するものとされている。

問題 115 O R □□□□□□□

厚生労働大臣は、保険医療機関の指定を取り消そうとするときは、政令で定めるところにより、中央社会保険医療協議会に諮問するものとされている。

問題 116 O R □□□□□□□

療養の給付について、70歳に達する日の属する月の翌月以後の被保険者であって、標準報酬月額が26万円であるものの一部負担金の割合は、100分の30である。

65　第5章　保険給付

解答 111 ×　法79条／P105・107　社労士24P45・46▼

　保険医療機関又は保険薬局は、「1か月」以上の予告期間を設けて、その指定を辞退することができる。また、保険医又は保険薬剤師は、「1か月」以上の予告期間を設けて、その登録の抹消を求めることができる。

解答 112 ×　法82条／P108　社労士24P47▼

　厚生労働大臣は、療養の給付に要する費用の算定方法、評価療養（高度の医療技術に係るものを除く。）又は選定療養の定めをしようとするときは、「中央社会保険医療協議会」に諮問するものとされている。

解答 113 ×　法85条の2／P108　社労士24P－▼

　本肢については、厚生労働大臣は、「中央社会保険医療協議会」へ諮問するものとする。

解答 114 ×　法82条／P108　社労士24P47▼

　地方社会保険医療協議会への諮問は、保険医療機関の指定では必要であるが、保険医の登録では「不要」である。

解答 115 ×　法82条／P108　社労士24P47▼

　本肢については、「中央社会保険医療協議会」ではなく「地方社会保険医療協議会」である。

解答 116 ×　法74条、令34条／P109　社労士24P42▼

　本肢の場合の一部負担金の割合は、「100分の20」である。なお、70歳に達する日の属する月の翌月以後の被保険者であって、標準報酬月額が「28万円以上」であるものの一部負担金の割合は、原則として、「100分の30」である。

保険給付　第5章　66

問題 117　O　R　□□□□□□□

標準報酬月額の随時改定により標準報酬月額が変更になり、一部負担金の負担割合が変更する場合、負担割合が変更になるのは、改定後の標準報酬月額が適用される月の翌月からである。

問題 118　令0208D　□□□□□□□

保険者は、震災、風水害、火災その他これらに類する災害により、住宅、家財又はその他の財産について著しい損害を受けた被保険者であって、保険医療機関又は保険薬局に一部負担金を支払うことが困難であると認められるものに対し、一部負担金の支払いを免除することができる。

問題 119　平2504C　□□□□□□□

災害その他の厚生労働省令で定める特別の事情により、保険医療機関又は保険薬局に支払う一部負担金等の徴収猶予又は減免の措置を受けようとする者は、あらかじめ保険者に対し申請書を提出しなければならない。保険者は、その徴収猶予又は減免の決定をした場合には、速やかに証明書を申請者に交付するものとする。

問題 120　令0103C　□□□□□□□

保険者から一部負担金等の徴収猶予又は減免の措置を受けた被保険者が、その証明書を提出して保険医療機関で療養の給付を受けた場合、保険医療機関は徴収猶予又は減免された一部負担金等相当額については、審査支払機関に請求することとされている。

67　第5章　保険給付

解答 117　✕　　H14.9.27保保発0927007・庁保険発34
　　　　　　　　／ P110　社労士24 P43▼

　随時改定により標準報酬月額が変更になり、負担割合も変更する者について、負担割合が変更になるのは、改定後の標準報酬月額が適用される「月」からとされる。

解答 118　○　　法75条の2、則56条の2／ P110・111　社労士24 P43▼

　保険者は、災害その他の厚生労働省令で定める特別の事情がある被保険者であって、保険医療機関又は保険薬局に一部負担金を支払うことが困難であると認められるものに対して、次の措置を採ることができる。
　①　一部負担金を減額すること
　②　一部負担金の支払を免除すること
　③　保険医療機関又は保険薬局に対する支払に代えて、一部負担金を直接に徴収することとし、その徴収を猶予すること

解答 119　○　　法75条の2、H18.9.14保保発0914001
　　　　　　　　／ P111　社労士24 P－▼

　記述の通り正しい。

解答 120　○　　法75条の2、H18.9.14保保発0914001
　　　　　　　　／ P111　社労士24 P43▼

　記述の通り正しい。

問題 121　O　R　□□□□□□□

　保険者は、診療報酬の審査支払事務について、社会保険診療報酬支払基金に限り委託することができる。

問題 122　O　R　□□□□□□□☆

　健康保険組合である保険者が開設する病院から療養の給付を受ける者は、その給付を受ける際、一部負担金を当該病院に支払わなければならないが、当該健康保険組合は、規約で定めるところにより、当該一部負担金を減額し、又はその支払を要しないものとすることができる。

第3節　入院時食事療養費

問題 123　平2306D　□□□□□□□

　入院時食事療養費の額は、その食事療養につき食事療養に要する平均的な費用の額を勘案して、中央社会保険医療協議会が定める基準により算定した費用の額（その額が現にその食事療養に要した費用の額を超えるときは、その現に食事療養に要した費用の額）から、食事療養標準負担額を控除した額とする。

問題 124　O　R　□□□□□□□

　入院時食事療養費の給付に係る標準負担額は、1食につき250円が原則である。

解答 121　×　法76条／P112　社労士24P47▼

　　保険者は、診療報酬の審査支払事務について、「社会保険診療報酬支払基金又は国民健康保険団体連合会」に委託することができる。

解答 122　×　法84条／P114　社労士24P48▼

　　健康保険組合である保険者が開設する病院から療養の給付を受ける場合は、「原則として一部負担金の支払は不要」であるが、当該健康保険組合は、規約で定めるところにより、「保険医療機関にて療養の給付を受ける場合に支払う一部負担金の額の範囲内において、一部負担金を支払わせることができる」ものとされる。

第3節　入院時食事療養費

解答 123　×　法85条／P115　社労士24P49▼

　　入院時食事療養費の額は、当該食事療養につき食事療養に要する平均的な費用の額を勘案して「厚生労働大臣」が定める基準により算定した費用の額（その額が現に当該食事療養に要した費用の額を超えるときは、当該現に食事療養に要した費用の額）から、食事療養標準負担額を控除した額とする。

解答 124　×　法85条／P116　社労士24P49▼

　　入院時食事療養費の給付に係る標準負担額は、1食につき「460円」が原則である。

保険給付　第5章　70

問題 125　令0306 E　□□□□□□□☆

　被保険者が、健康保険組合である保険者が開設する病院若しくは診療所から食事療養を受けた場合、当該健康保険組合がその被保険者の支払うべき食事療養に要した費用のうち入院時食事療養費として被保険者に支給すべき額に相当する額の支払を免除したときは、入院時食事療養費の支給があったものと推定される。

71　第5章　保険給付

解答 125　×　法85条／P117　社労士24P－▼

　本肢の場合、入院時食事療養費の支給があったものと「みなされる」。

保険給付　第5章　72

第4節 入院時生活療養費

問題 126 令0509 新 ☐☐☐☐☐☐☐

健康保険法に関する次のアからオの記述のうち、正しいものの組合せは、後記AからEまでのうちどれか。

ア 被保険者甲の産前産後休業開始日が令和4年12月10日で、産前産後休業終了日が令和5年3月8日の場合は、令和4年12月から令和5年2月までの期間中の当該被保険者に関する保険料は徴収されない。

イ 被保険者乙の育児休業等開始日が令和5年1月10日で、育児休業等終了日が令和5年3月31日の場合は、令和5年1月から令和5年3月までの期間中の当該被保険者に関する保険料は徴収されない。

ウ 被保険者丙の育児休業等開始日が令和5年1月4日で、育児休業等終了日が令和5年1月16日の場合は、令和5年1月の当該被保険者に関する保険料は徴収されない。

エ 入院時食事療養費の額は、当該食事療養につき食事療養に要する平均的な費用の額を勘案して厚生労働大臣が定める基準により算定した費用の額（その額が現に当該食事療養に要した費用の額を超えるときは、当該現に食事療養に要した費用の額）とする。

オ 特定長期入院被保険者（療養病床に入院する65歳以上の被保険者）が、厚生労働省令で定めるところにより、保険医療機関等である病院又は診療所のうち自己の選定するものから、電子資格確認等により、被保険者であることの確認を受け、療養の給付と併せて受けた生活療養に要した費用について、入院時食事療養費を支給する。

    A （アとイ）

    B （アとウ）

    C （イとウ）

    D （ウとオ）

    E （エとオ）

第4節　入院時生活療養費

解答 126　A　（アとイ）

ア　○　法159条の３／P81　社労士24 P 35▼

　　産前産後休業期間中の保険料の免除期間は、「産前産後休業を開始した日の属する月（令和４年12月）から産前産後休業が終了する日の翌日が属する月の前月（令和５年２月）」となる。

イ　○　法159条／P82　社労士24 P 35▼

　　育児休業等を開始した日の属する月とその育児休業等が終了する日の翌日が属する月とが異なる場合の育児休業等期間中の保険料の免除期間は、「その育児休業等を開始した日の属する月（令和５年１月）からその育児休業等が終了する日の翌日が属する月の前月までの月（令和５年３月）」となる。

ウ　×　法159条／P82　社労士24 P 35▼

　　本肢の場合、育児休業等の日数が14日以上ないため、保険料が「徴収される」。

エ　×　法85条／P115　社労士24 P 49▼

　　入院時食事療養費の額は、当該食事療養につき食事療養に要する平均的な費用の額を勘案して厚生労働大臣が定める基準により算定した費用の額（その額が現に当該食事療養に要した費用の額を超えるときは、当該現に食事療養に要した費用の額）「から食事療養標準負担額を控除した額」とする。

オ　×　法85条の２／P118　社労士24 P 50▼

　　本肢の場合、「入院時生活療養費」を支給する。

保険給付　第5章　74

問題 127　平2807D　　　□ □ □ □ □ □ □

　保険医療機関等は、生活療養に要した費用につき、その支払を受ける際、当該支払をした被保険者に交付する領収証に入院時生活療養費に係る療養について被保険者から支払を受けた費用の額のうち生活療養標準負担額とその他の費用の額とを区分して記載しなければならない。

第5節　保険外併用療養費

問題 128　O　　R　　　□ □ □ □ □ □ □　☆

　厚生労働大臣が定める先進医療（先進医療ごとに厚生労働大臣が定める施設基準に適合する病院又は診療所において行われるものに限る。）は、選定療養とされる。

問題 129　O　　R　　　□ □ □ □ □ □ □　☆

　医薬品医療機器等法に規定する治験に係る診療が行われ、当該治験が人体に直接使用される薬物に係るものであった場合は、評価療養とはされない。

問題 130　O　　R　　　□ □ □ □ □ □ □

　保険外併用療養費の支給対象となる先進医療の実施に当たっては、先進医療ごとに、保険医療機関が別に厚生労働大臣が定める施設基準に適合していることを地方厚生局長又は地方厚生支局長に届け出るものとされている。

問題 131　O　　R　　　□ □ □ □ □ □ □　☆

　保険外併用療養費の支給対象となる治験については、当該治験の内容を患者等に説明することが医療上好ましくないと認められる場合であっても、保険外併用療養費の支給対象となる。

解答 127　○　則62条の5／P122　社労士24P－▼

記述の通り正しい。

第5節　保険外併用療養費

解答 128　×　法86条、H18.9.12厚労告495／P123　社労士24P53▼

厚生労働大臣が定める先進医療（先進医療ごとに厚生労働大臣が定める施設基準に適合する病院又は診療所において行われるものに限る。）は、「評価療養」とされる。

解答 129　×　法86条、H18.9.12厚労告495／P123　社労士24P53▼

医薬品医療機器等法に規定する治験に係る診療が行われ、当該治験が人体に直接使用される薬物に係るものであった場合は、「評価療養とされる」。

解答 130　○　法86条、H20.3.27厚労告129／P124　社労士24P－▼

記述の通り正しい。

解答 131　×　法86条、H9.3.14保険発30／P124　社労士24P－▼

保険外併用療養費の支給対象となる治験は、患者に対する情報提供を前提として、患者の自由な選択と同意がなされたものに限られるものとし、したがって、治験の内容を患者等に説明することが医療上好ましくないと認められる等の場合にあっては、保険外併用療養費の支給対象とはされない。

保険給付　第5章　76

問題 132　令0201C　　□□□□□□□☆

　患者申出療養の申出は、厚生労働大臣が定めるところにより、厚生労働大臣に対し、当該申出に係る療養を行う医療法第4条の3に規定する臨床研究中核病院（保険医療機関であるものに限る。）の開設者の意見書その他必要な書類を添えて行う。

問題 133　平2807C　　□□□□□□□

　被保険者が予約診察制をとっている病院で予約診察を受けた場合には、保険外併用療養費制度における選定療養の対象となり、その特別料金は、全額自己負担となる。

問題 134　O　　R　　□□□□□□□

　予約診察による特別の料金の徴収に当たっては、それぞれの患者が予約した時刻に診療を適切に受けられるような体制が確保されていることが必要であり、予約時間から一定時間（30分程度）以上患者を待たせた場合は、予約料の徴収は認められないものとされている。

問題 135　平2105C　　□□□□□□□

　患者が緊急受診の必要がなく自己の都合により保険医療機関の標榜診療時間帯以外に受診した場合であっても、社会通念上時間外とされない時間帯（例えば平日の午後4時）の場合には、選定療養として認められる時間外診療には該当しない。

問題 136　平2601E　　□□□□□□□

　被保険者が病床数100床以上の病院で、他の病院や診療所の文書による紹介なしに初診を受けたとき、当該病院はその者から選定療養として特別の料金を徴収することができる。ただし、緊急その他やむを得ない事情がある場合に受けたものを除く。

解答 132 　○　　法63条／P124　社労士24P53▼

　なお、厚生労働大臣は、患者申出療養の申出を受けた場合は、当該申出について速やかに検討を加え、当該申出に係る療養が評価を行うことが必要な療養と認められる場合には、当該療養を患者申出療養として定めるものとする。

解答 133 　○　　H18.9.12厚労告495／P125　社労士24P54▼

　記述の通り正しい。

解答 134 　○　　法86条、H9.3.14保険発30／P125　社労士24P－▼

　予約患者については、予約診察として特別の料金を徴収するのにふさわしい診療時間（10分程度以上）の確保に努めるものとし、医師１人につき１日に診察する予約患者の数は概ね40人を限度とされている。

解答 135 　×　　法86条、H18.9.12厚労告495／P125　社労士24P54▼

　本肢の場合、選定療養として認められる時間外診療に該当する。

解答 136 　×　　法86条、H18.9.12厚労告495／P125　社労士24P54▼

　病床数が「200以上」の病院について受けた初診（他の病院又は診療所からの文書による紹介がある場合及び緊急その他やむを得ない事情がある場合に受けたものを除く。）については、選定療養の対象とされる。

保険給付　第5章　78

問題 137 平2308 E □□□□□□□

病床数200床以上の病院で紹介なしに受けた初診は、緊急その他やむを得ない場合も含めて、選定療養の対象にはならない。

問題 138 平2703 B □□□□□□□

被保険者が病床数200床以上の病院で、他の病院や診療所の文書による紹介なしに初診を受け、保険外併用療養費の選定療養として特別の費用を徴収する場合、当該病院は同時に2以上の傷病について初診を行ったときはそれぞれの傷病について特別の料金を徴収することができる。

問題 139 O   R □□□□□□□

厚生労働大臣が定める方法により計算した入院期間が150日を超えた日以後の入院及びその療養に伴う世話その他の看護（厚生労働大臣が定める状態等にある者の入院及びその療養に伴う世話その他の看護を除く。）は、選定療養とされる。

問題 140 令0404 D □□□□□□□

患者自己負担割合が3割である被保険者が保険医療機関で保険診療と選定療養を併せて受け、その療養に要した費用が、保険診療が30万円、選定療養が10万円であるときは、被保険者は保険診療の自己負担額と選定療養に要した費用を合わせて12万円を当該保険医療機関に支払う。

問題 141 令0303 B □□□□□□□ ☆

食事療養に要した費用は、保険外併用療養費の支給の対象とはならない。

解答 137 × 法86条、H18.9.12厚労告495 ／ P125　社労士24 P54▼

　病床数が200以上の病院について受けた初診については、他の病院又は診療所からの文書による紹介がある場合及び緊急その他やむを得ない事情がある場合に受けたものを除いて、選定療養に「該当する」。すなわち、病床数200以上の病院で紹介なしに受けた初診は、緊急その他やむを得ない場合を除いて、選定療養の対象になる。

解答 138 × 法86条、H18.9.12厚労告495 ／ P125　社労士24 P－▼

　本肢の場合、同時に2以上の傷病について初診を行った場合においても、特別の料金は1回しか徴収できない。

解答 139 × 法86条、H18.9.12厚労告495 ／ P125　社労士24 P54▼

　厚生労働大臣が定める方法により計算した入院期間が「180日」を超えた日以後の入院及びその療養に伴う世話その他の看護（厚生労働大臣が定める状態等にある者の入院及びその療養に伴う世話その他の看護を除く。）は、選定療養とされる。

解答 140 × 法86条／P126　社労士24 P54▼

　本肢については、保険診療部分の3割である9万円と選定療養部分の全額である10万円の合計「19万円」の支払となる。

解答 141 × 法86条／P126　社労士24 P54▼

　食事療養に要した費用は、保険外併用療養費の支給の対象となる費用に含まれる。

問題 142　O　R　　□□□□□□□ ☆

　保険外併用療養費の対象となる特別療養環境室へ入院させる場合は、入院を希望する患者に対して、特別療養環境室の設備構造、料金等について明確かつ懇切に説明し、口頭又は文書により、その同意の確認をしなければならない。

第6節　療養費

問題 143　令0102C　　□□□□□□□

　保険者は、訪問看護療養費の支給を行うことが困難であると認めるときは、療養費を支給することができる。

問題 144　平2406 B　　□□□□□□□

　被保険者が療養の給付若しくは入院時食事療養費、入院時生活療養費若しくは保険外併用療養費の支給に代えて療養費の支給を受けることを希望した場合、保険者は療養の給付等に代えて療養費を支給しなくてはならない。

解答 142 × H9.3.14保険発30／P127 社労士24P−▼

　本肢の場合、「料金等を明示した文書に患者側の署名」により、その同意の確認をしなければならない。

第6節　療養費

解答 143 × 法87条／P128 社労士24P56▼

　保険者は、「療養の給付若しくは入院時食事療養費、入院時生活療養費若しくは保険外併用療養費の支給」（療養の給付等）を行うことが困難であると認めるとき、又は被保険者が保険医療機関等以外の病院、診療所、薬局その他の者から診療、薬剤の支給若しくは手当を受けた場合において、保険者がやむを得ないものと認めるときは、療養の給付等に代えて、療養費を支給することができると規定されており、「訪問看護療養費はその対象とならない」。

解答 144 × 法87条／P128 社労士24P56▼

　療養費は、「療養の給付等を行うことが困難であると保険者が認めるとき」、又は「被保険者が保険医療機関等以外の病院、診療所、薬局その他の者から診療、薬剤の支給若しくは手当を受けた場合において、保険者がやむを得ないものと認めるとき」に、療養の給付等に代えて、支給することができる。

保険給付　第5章　82

問題 145　平2601B　□□□□□□□

　輸血に係る血液料金は、保存血の場合も含めて療養費として支給され、療養の給付として現物給付されることはない。

問題 146　令0409D　□□□□□□□☆

　療養費の支給対象に該当するものとして医師が疾病又は負傷の治療上必要であると認めた治療用装具には、義眼、コルセット、眼鏡、補聴器、胃下垂帯、人工肛門受便器（ペロッテ）等がある。

問題 147　令0310E　□□□□□□□

　療養費の額は、当該療養（食事療養及び生活療養を除く。）について算定した費用の額から、その額に一部負担金の割合を乗じて得た額を控除した額及び当該食事療養又は生活療養について算定した費用の額から食事療養標準負担額又は生活療養標準負担額を控除した額を基準として、保険者が定める。

83　第5章　保険給付

解答 145 × S14.5.13社医発336 ／ P 129 社労士24 P 56▼

　保存血である場合は、「療養の給付として現物給付」により支給される。なお、下記については、療養費の支給を受けることができる。

　ア　無医村で諸般の状況上療養の給付を行うことが困難と認められるとき

　イ　事業主が被保険者資格取得届を怠り、被保険者証が未交付の間に自費で診療を受けたとき

　ウ　保険医の指示で柔道整復師の手当を受けたとき

　エ　医師の指示によりあんま、はり、きゅう師にかかったとき

　オ　治療上必要なコルセット、サポーターなど治療用装具を購入したとき

　カ　輸血のため病院を通じて血液代（生血液代）を支払ったとき（ただし保存血については療養の給付として現物給付される）

解答 146 × S25.11.7保険発第225号等 ／ P 129 社労士24 P 56▼

　療養費の不支給の例として、眼鏡、補聴器等がある。

解答 147 ○ 法87条 ／ P 129 社労士24 P 57▼

　記述の通り正しい。

保険給付　第5章　84

問題 148　令0208 E　□□□□□□□

被保険者が海外にいるときに発生した保険事故に係る療養費等に関する申請手続等に添付する証拠書類が外国語で記載されている場合は、日本語の翻訳文を添付することとされており、添付する翻訳文には翻訳者の氏名及び住所を記載させることとされている。

問題 149　令0507 A　㊟　□□□□□□□

現に海外にいる被保険者からの療養費の支給申請は、原則として、事業主等を経由して行わせ、その受領は事業主等が代理して行うものとし、国外への送金は行わない。

85　第5章　保険給付

解答 148 ○ S56.2.25保険発10・庁保険発2／P130 社労士24P −▼

記述の通り正しい。

解答 149 ○ S56.2.25保険発10・庁保険発2／P130 社労士24P 57▼

【海外において療養を受けた場合の療養費等の支給に関する事項】

1 療養費支給申請書等に添付する証拠書類が外国語で記載されている場合は、日本語の翻訳文を添付する。

2 療養費支給申請書等の証拠書類に添付する翻訳文には翻訳者の氏名及び住所を記載する。

3 現に海外にある被保険者からの療養費等の支給申請は、原則として、事業主等を経由して行い、その受領は事業主等が代理して行うものとし、国外への送金は行わない。

4 現に海外にある被保険者の療養費等の支給に係る照会は、事業主等を経由して行う。

5 海外における療養費等の支給額の算定に用いる邦貨換算率は、その支給決定日の外国為替換算率を用いる。

第7節　訪問看護療養費

問題 150　令0505 B　🆕　☐☐☐☐☐☐☐

　　訪問看護療養費は、厚生労働省令で定めるところにより、保険者が必要と認める場合に限り、支給するものとされている。指定訪問看護を受けられる者の基準は、疾病又は負傷により、居宅において継続して療養を受ける状態にある者であって、主治医が訪問看護の必要性について、被保険者の病状が安定し、又はこれに準ずる状態にあり、かつ、居宅において看護師等が行う療養上の世話及び必要な診療の補助を要する状態に適合すると認めた者である。なお、看護師等とは、看護師、保健師、助産師、准看護師、理学療法士、作業療法士及び言語聴覚士をいう。

問題 151　令0301 E　☐☐☐☐☐☐☐

　　訪問看護事業とは、疾病又は負傷により、居宅において継続して療養を受ける状態にある者（主治の医師がその治療の必要の程度につき厚生労働省令で定める基準に適合していると認めたものに限る。）に対し、その者の居宅において看護師その他厚生労働省令で定める者が行う療養上の世話又は必要な診療の補助（保険医療機関等又は介護保険法第8条第28項に規定する介護老人保健施設若しくは同条第29項に規定する介護医療院によるものを除く。）を行う事業のことである。

問題 152　平2504 D　☐☐☐☐☐☐☐

　　自宅において療養している被保険者が、保険医療機関の看護師から療養上の世話を受けたときは、訪問看護療養費が支給される。

問題 153　平2403 C　☐☐☐☐☐☐☐

　　訪問看護は、医師、歯科医師又は看護師のほか、保健師、助産師、准看護師、理学療法士、作業療法士及び言語聴覚士が行う。

第7節　訪問看護療養費

解答 150　○　法88条、則67条、68条／Ｐ131・132　社労士24Ｐ58・59▼
　記述の通り正しい。

解答 151　○　法88条／Ｐ132　社労士24Ｐ59▼
　保険医療機関等又は介護保険法の介護老人保健施設若しくは介護医療院によるものは訪問看護に該当しない。

解答 152　×　法88条、63条／Ｐ132　社労士24Ｐ59▼
　保険医療機関の看護師から療養上の世話を受けたときは、「療養の給付」の対象とされる。

解答 153　×　則68条／Ｐ132　社労士24Ｐ59▼
　訪問看護を行う看護師等とは、看護師のほか、保健師、助産師、准看護師、理学療法士、作業療法士及び言語聴覚士をいい、「医師及び歯科医師は含まれない」。

保険給付　第5章　88

問題 154　O　R　□□□□□□□

指定訪問看護事業者の指定について、厚生労働大臣は、その申請があった場合において、申請者が健康保険法の規定により指定訪問看護事業者に係る指定を取り消され、その取消しの日から7年を経過しない者であるときは指定をしてはならない。

問題 155　令0506E　🏮　□□□□□□□

厚生労働大臣は、指定訪問看護事業を行う者の指定の申請があった場合において、申請者が、社会保険料について、当該申請をした日の前日までに、社会保険各法又は地方税法の規定に基づく滞納処分を受け、かつ、当該処分を受けた日から正当な理由なく3か月以上の期間にわたり、当該処分を受けた日以降に納期限の到来した社会保険料又は地方税法に基づく税を一部でも引き続き滞納している者であるときは、その指定をしてはならない。

問題 156　令0202D　□□□□□□□☆

指定訪問看護事業者が、訪問看護事業所の看護師等の従業者について、厚生労働省令で定める基準や員数を満たすことができなくなったとしても、厚生労働大臣は指定訪問看護事業者の指定を取り消すことはできない。

問題 157　平2506A　□□□□□□□

訪問看護療養費の額は、当該指定訪問看護につき指定訪問看護に要する平均的な費用の額を勘案して厚生労働大臣が定めるところにより算定した費用の額から、その額に一部負担金の割合を乗じて得た額（災害その他の厚生労働省令で定める特別の事情がある被保険者であって、保険医療機関又は保険薬局に一部負担金を支払うことが困難であると認められるものに対し、一部負担金の減免又は徴収猶予の措置がとられるべきときは、当該措置がとられたものとした場合の額）を控除した額である。

89　第5章　保険給付

解答 154 ×　法89条／P133　社労士24P59・44▼

　指定訪問看護事業者の指定について、厚生労働大臣は、その申請があった場合において、申請者が健康保険法の規定により指定訪問看護事業者に係る指定を取り消され、その取消しの日から「５年」を経過しない者であるときは指定をしてはならない。

解答 155 ×　法89条／P133　社労士24P59・44▼

　申請者が、社会保険料について、当該申請をした日の前日までに、社会保険各法又は地方税法の規定に基づく滞納処分を受け、かつ、当該処分を受けた日から正当な理由なく３か月以上の期間にわたり、当該処分を受けた日以降に納期限の到来した「社会保険料のすべて」を引き続き滞納している者であるときは、厚生労働大臣は、指定訪問看護事業者の指定をしてはならない。

解答 156 ×　法95条／P134　社労士24P59▼

　本肢の場合、厚生労働大臣は、指定訪問看護事業者の指定を取り消すことができるとされている。

解答 157 ○　法88条／P135　社労士24P60▼

　記述の通り正しい。

保険給付　第5章　90

第8節　移送費

問題 158　O　　R　　　☐☐☐☐☐☐☐

　被保険者が自費による診療や、特別の療養環境の提供を伴う保険外併用療養費の支給の対象となる療養を受けるために病院等に移送された場合は、移送費の対象とならない。

問題 159　平2905D　　　☐☐☐☐☐☐☐

　移送費は、被保険者が、移送により健康保険法に基づく適切な療養を受けたこと、移送の原因である疾病又は負傷により移動をすることが著しく困難であったこと、緊急その他やむを得なかったことのいずれにも該当する場合に支給され、通院など一時的、緊急的とは認められない場合については支給の対象とならない。

問題 160　令0409E　　　☐☐☐☐☐☐☐

　移送費の支給が認められる医師、看護師等の付添人による医学的管理等について、患者がその医学的管理等に要する費用を支払った場合にあっては、現に要した費用の額の範囲内で、診療報酬に係る基準を勘案してこれを評価し、現に移送に要した費用とともに移送費として支給を行うことができる。

第9節　傷病手当金

問題 161　平3009D　　　☐☐☐☐☐☐☐

　傷病手当金は、療養のために労務に服することができなかった場合に支給するものであるが、その療養は、医師の診療を受けた場合に限られ、歯科医師による診療を受けた場合は支給対象とならない。

91　第5章　保険給付

第8節　移送費

解答 158　×　法97条／P136　社労士24P61▼

　被保険者が療養の給付（「保険外併用療養費に係る療養を含む」。）を受けるため、病院又は診療所に移送されたときは、移送費として、厚生労働省令で定めるところにより算定した金額を支給する。

解答 159　○　法97条、則81条、H6.9.9保険発119・庁保険発9
　　　　　　　　／P136　社労士24P61▼

　記述の通り正しい。

解答 160　×　H6.9.9保険発119・庁保険発9／P137　社労士24P61▼

　本肢の場合、移送費とは別に、診療報酬に係る基準を勘案してこれを評価し、「療養費」の支給を行うことができる。

第9節　傷病手当金

解答 161　×　法99条、S2.4.27保発345／P137　社労士24P－▼

　歯科医師による診療の場合も傷病手当金の支給対象となる。

保険給付　第5章　92

問題 162　令0510 A　🆕　□□□□□□□

　被保険者（任意継続被保険者を除く。）が業務外の疾病により労務に服することができないときは、その労務に服することができなくなった日から起算して4日を経過した日から労務に服することができない期間、傷病手当金を支給する。

問題 163　令0309 D　□□□□□□□

　傷病手当金の支給要件に係る療養は、一般の被保険者の場合、保険医から療養の給付を受けることを要件としており、自費診療による療養は該当しない。

問題 164　O　　R　□□□□□□□

　療養の給付の対象とならない整形手術を自費で受けたことにより、労務に服することができなかった場合であっても、傷病手当金の支給が行われる。

問題 165　令0108 E　□□□□□□□

　傷病手当金は、労務不能でなければ支給要件を満たすものではないが、被保険者がその本来の職場における労務に就くことが不可能な場合であっても、現に職場転換その他の措置により就労可能な程度の他の比較的軽微な労務に服し、これによって相当額の報酬を得ているような場合は、労務不能には該当しない。また、本来の職場における労務に対する代替的性格をもたない副業ないし内職等の労務に従事したり、あるいは傷病手当金の支給があるまでの間、一時的に軽微な他の労務に服することにより、賃金を得るような場合その他これらに準ずる場合も同様に労務不能には該当しない。

問題 166　平2803 C　□□□□□□□

　被保険者が就業中の午後4時頃になって虫垂炎を発症し、そのまま入院した場合、その翌日が傷病手当金の待期期間の起算日となり、当該起算日以後の3日間連続して労務不能であれば待期期間を満たすことになる。

93　第5章　保険給付

解答 162　×　法99条／P137　社労士24 P63▼

本肢については、「4日」ではなく「3日」である。

解答 163　×　S3.9.11事発1811／P138　社労士24 P62▼

傷病手当金の要件に係る「療養」とは、保険給付として受ける療養のみに限らず、自費診療で受けた療養や自宅での静養も含む。

解答 164　×　S4.6.29保理1704／P138　社労士24 P62▼

保険事故とならない傷病の療養は、傷病手当金の支給対象とならない。

解答 165　×　法99条、H15.2.25保保発0225007・庁保険発4
　　　　　　／P138　社労士24 P62▼

副業ないし内職のような本来の事業所における労務の代替的性格をもたない労務に従事する場合は、労務に服することができないものとして扱われる。

解答 166　×　S28.1.9保文発69／P138　社労士24 P63▼

就業中に傷病が発生している場合、労務不能となった「当日」から待期が起算される。

保険給付　第5章　94

問題 167　令0510 B　🆕　☐☐☐☐☐☐☐

　傷病手当金の待期期間について、疾病又は負傷につき最初に療養のため労務不能となった場合のみ待期が適用され、その後労務に服し同じ疾病又は負傷につき再度労務不能になった場合は、待期の適用がない。

問題 168　O　　R　　☐☐☐☐☐☐☐

　傷病手当金は、被保険者（任意継続被保険者及び特例退職被保険者を除く。）が療養のため労務に服することができなくなった日から起算して3日を経過した日から支給される。ただし、その3日に会社の公休日が含まれている場合は、その公休日を除いた所定の労働すべき日が3日を経過した日から支給される。

問題 169　令0202 E　　☐☐☐☐☐☐☐

　被保険者資格を取得する前に初診日がある傷病のため労務に服することができず休職したとき、療養の給付は受けられるが、傷病手当金は支給されない。

問題 170　平2107 B　　☐☐☐☐☐☐☐　☆

　労働安全衛生法の規定によって伝染の恐れがある保菌者に対し事業主が休業を命じた場合、その症状から労務不能と認められないときは、傷病手当金が支給されない。

95　第5章　保険給付

解答 167 ○ S2.3.11保理1085／P138 社労士24 P 63▼

同一傷病についての待期は１回完成すればよく、必ずしも労務不能の日が継続する必要はない。

解答 168 × 法99条、S2.2.5保理659／P139 社労士24 P 63▼

療養のため労務に服することのできない状態が同一傷病につき３日間（「公休日を含む」。）連続していれば、すでに待期は完成したものとして取り扱われる。

+α 【待期】
・報酬を受けていた場合→待期完成
・年次有給休暇で処理した場合→待期完成
・３日間に公休日含む場合→待期完成
・同一傷病について待期完成→その後労務に服する→さらに労務不能
　→待期の適用なし

解答 169 × S26.5.1保文発1346／P139 社労士24 P 63▼

被保険者資格を取得する前にかかった傷病の資格取得後の療養について、傷病手当金も支給される。

解答 170 ○ S25.2.15保文発320／P139 社労士24 P 63▼

記述の通り正しい。

問題 171 令0309 C　　□□□□□□□

　傷病手当金の額は、これまでの被保険者期間にかかわらず、1日につき、傷病手当金の支給を始める日の属する年度の前年度の9月30日における全被保険者の同月の標準報酬月額を平均した額を標準報酬月額の基礎となる報酬月額とみなしたときの標準報酬月額（被保険者が現に属する保険者等により定められたものに限る。）を平均した額の30分の1に相当する額の3分の2に相当する金額となる。

問題 172 平2903 A　　□□□□□□□

　傷病手当金の額の算定において、原則として、傷病手当金の支給を始める日の属する月以前の直近の継続した12か月間の各月の標準報酬月額（被保険者が現に属する保険者等により定められたものに限る。）の平均額を用いるが、その12か月間において、被保険者が現に属する保険者が管掌する健康保険の任意継続被保険者である期間が含まれるときは、当該任意継続被保険者である期間の標準報酬月額も当該平均額の算定に用いることとしている。

問題 173 O　　R　　□□□□□□□

　傷病手当金の支給期間は、同一の疾病又は負傷及びこれにより発した疾病に関しては、その支給を始めた日から起算して1年6か月を超えないものとする。

解答 171 ×　法99条／P139　社労士24P64▼

　　傷病手当金の額は、1日につき、傷病手当金の支給を始める日の属する月以前の直近の継続した12か月間の各月の標準報酬月額を平均した額の30分の1に相当する額の3分の2に相当する金額とする。ただし、同日の属する月以前の直近の継続した期間において標準報酬月額が定められている月が12か月に満たない場合にあっては、以下の①又は②のうちいずれか少ない額の3分の2に相当する金額とする。

①　傷病手当金の支給を始める日の属する月以前の直近の継続した各月の標準報酬月額を平均した額の30分の1に相当する額

②　傷病手当金の支給を始める日の属する年度の前年度の9月30日における全被保険者の同月の標準報酬月額を平均した額を標準報酬月額の基礎となる報酬月額とみなしたときの標準報酬月額の30分の1に相当する額

解答 172 ○　則84条の2／P140　社労士24P－▼

　　傷病手当金の額の算定に用いる標準報酬月額について、傷病手当金の支給を始める日の属する月以前の直近の継続した12か月以内の期間において被保険者が現に属する保険者が管掌する健康保険の任意継続被保険者である期間が含まれるときは、当該期間の標準報酬月額を含むものとする。

解答 173 ×　法99条／P141　社労士24P63▼

　　傷病手当金の支給期間は、同一の疾病又は負傷及びこれにより発した疾病に関しては、その支給を始めた日から「通算して1年6か月間」とする。

保険給付　第5章　98

問題 174 令0105 D ☐☐☐☐☐☐☐

　被保険者が、心疾患による傷病手当金の期間満了後なお引き続き労務不能であり、療養の給付のみを受けている場合に、肺疾患（心疾患との因果関係はないものとする。）を併発したときは、肺疾患のみで労務不能であると考えられるか否かによって傷病手当金の支給の可否が決定される。

問題 175 令0510 E 🆕 ☐☐☐☐☐☐☐

　傷病手当金の支給期間中に被保険者が死亡した場合、当該傷病手当金は当該被保険者の死亡日の前日分まで支給される。

問題 176 令0409 B ☐☐☐☐☐☐☐

　被保険者が出産手当金の支給要件に該当すると認められれば、その者が介護休業期間中であっても当該被保険者に出産手当金が支給される。

問題 177 O　R ☐☐☐☐☐☐☐

　傷病手当金の支給を受けるべき者が、同一の傷病により障害厚生年金の支給を受けることができるときは、傷病手当金が優先して支給される。ただし、その障害厚生年金の額（当該障害厚生年金と同一の支給事由により障害基礎年金の支給を受けることができるときは、当該障害厚生年金額と当該障害基礎年金額との合算額）を360で除して得た額が、傷病手当金の額より多いときは、その差額を支給する。なお、本肢において、報酬及び出産手当金は支給されていないものとする。

99　第5章　保険給付

解答 174　○　S26.7.13保文発2349／P141　社労士24 P63▼

記述の通り正しい。

解答 175　×　法36条／P141・25　社労士24 P63・9▼

死亡当日は、なお被保険者の資格があるので、「その日の傷病手当金は支給すべきものである」。

解答 176　○　H11.3.31保険発46・庁保険発9／P142　社労士24 P－▼

傷病手当金及び出産手当金の支給要件に該当すると認められる者については、その者が介護休業期間中であっても傷病手当金又は出産手当金が支給される。なお、傷病手当金又は出産手当金が支給される場合であって、同一期間内に事業主から介護休業手当等で報酬と認められるものが支給されているときは、傷病手当金又は出産手当金の支給額について調整を図るものとされる。

解答 177　×　法108条／P143　社労士24 P65▼

傷病手当金の支給を受けるべき者が、同一の疾病又は負傷及びこれにより発した疾病につき厚生年金保険法による障害厚生年金の支給を受けることができるときは、傷病手当金は「支給されない」。ただし、障害厚生年金の額（当該障害厚生年金と同一の支給事由により障害基礎年金の支給を受けることができるときは、当該障害厚生年金額と当該障害基礎年金額との合算額）を360で除して得た額が、傷病手当金の額より少額であるときは、その差額が傷病手当金として支給される。

保険給付　第5章　100

問題 178　平2908D　　□□□□□□□

　傷病手当金の支給を受けるべき者が、同一の疾病につき厚生年金保険法による障害厚生年金の支給を受けることができるときは、傷病手当金の支給が調整されるが、障害手当金の支給を受けることができるときは、障害手当金が一時金としての支給であるため傷病手当金の支給は調整されない。

問題 179　令0210A　　□□□□□□□

　労災保険法に基づく休業補償給付を受給している健康保険の被保険者が、さらに業務外の事由による傷病によって労務不能の状態になった場合、休業補償給付が支給され、傷病手当金が支給されることはない。

第10節　出産に関する給付

問題 180　令0307B　　□□□□□□□

　出産育児一時金の受取代理制度は、被保険者が医療機関等を受取代理人として出産育児一時金を事前に申請し、医療機関等が被保険者に対して請求する出産費用の額（当該請求額が出産育児一時金として支給される額を上回るときは当該支給される額）を限度として、医療機関等が被保険者に代わって出産育児一時金を受け取るものである。

101　第5章　保険給付

解答 178 ×　法108条／P145　社労士24 P65▼

　同一の傷病に係る障害手当金を受けることができるときは、傷病手当金の支給が調整される。

解答 179 ×　S33.7.8保険発95／P145　社労士24 P66▼

　休業補償給付の額が傷病手当金の額より少ないときは、その差額が傷病手当金として支給される。

第10節　出産に関する給付

解答 180 ○　H23.1.31保発0131第2号／P147　社労士24 P67▼

　【受取代理制度】

　妊婦などが、加入する健康保険組合などに出産育児一時金の請求を行う際、出産する医療機関等にその受け取りを委任することにより、医療機関等へ直接出産育児一時金が支給される制度。

　【直接支払制度】

　出産育児一時金の請求と受け取りを、妊婦などに代わって医療機関等が行う制度。出産育児一時金が医療機関等へ直接支給されるため、退院時に窓口で出産費用を全額支払う必要がない。

問題 181　平2103A　□□□□□□□☆

　出産育児一時金又は家族出産育児一時金は、被保険者又は被保険者の被扶養者が出産したときは、父が不明の婚外子出産を含めて、被保険者期間の要件なく支給される。

問題 182　O　　R　□□□□□□□

　妊娠4か月以上である被保険者が、業務中の転倒強打により早産し医師の手当てを受けた。この場合において当該転倒強打による負傷が業務上の災害と認められた場合には、出産育児一時金は支給されない。

問題 183　令0307D　□□□□□□□☆

　被保険者が分娩開始と同時に死亡したが、胎児は娩出された場合、被保険者が死亡したので出産育児一時金は支給されない。

問題 184　令0210E　□□□□□□□

　被保険者（任意継続被保険者を除く。）が出産の日以前42日から出産の日後56日までの間において、通常の労務に服している期間があった場合は、その間に支給される賃金額が出産手当金の額に満たない場合に限り、その差額が出産手当金として支給される。

103　第5章　保険給付

解答 181 ○　S12.9.24保規184／P147　社労士24 P 67▼

記述の通り正しい。

解答 182 ×　S24.3.26保文発523／P147　社労士24 P 67▼

妊娠4か月以上の被保険者が業務上の事故により早産し、労災保険法の療養補償給付を受けた場合であっても、健康保険法の出産育児一時金は支給される。

解答 183 ×　S8.3.14保規61／P148　社労士24 P 67▼

本肢の場合、分娩は被保険者の生存中に開始され、たまたま分娩完了前に死亡が競合したに過ぎず、かつ死亡後といえども、分娩を完了させたのみならず、たとえ被保険者が死亡したとしてもその日は被保険者としての資格を有するため、出産育児一時金が「支給される」。

解答 184 ×　法102条／P149　社労士24 P 68▼

出産手当金は、出産に係る被保険者が「労務に服さなかった」場合に支給されるので、本肢のように通常の労務に服している期間については支給されない。

保険給付　第5章　104

問題 185 〇 R 　□□□□□□□

　　出産手当金の額は、１日につき、出産手当金の支給を始める日の属する月以前の直近の継続した12か月間の各月の標準報酬月額を平均した額の30分の１に相当する額の３分の２に相当する金額とする。ただし、その期間が12か月に満たない場合は、出産手当金の支給を始める日の属する月の標準報酬月額の30分の１に相当する額の３分の２に相当する金額とする。

問題 186 　令0402C 　□□□□□□□

　　出産手当金の支給要件を満たす者が、その支給を受ける期間において、同時に傷病手当金の支給要件を満たした場合は、出産手当金の支給が優先され、支給を受けることのできる出産手当金の額が傷病手当金の額を上回っている場合は、当該期間中の傷病手当金は支給されない。

解答 185　×　法102条、99条／P150・139　社労士24P68・64▼

　　標準報酬月額が定められている月が12か月に満たない場合にあっては、①
出産手当金の支給を始める日の属する月以前の直近の継続した各月の標準報
酬月額を平均した額の30分の1に相当する額、②出産手当金の支給を始める
日の属する年度の前年度の9月30日における全被保険者の同月の標準報酬月
額を平均した額を標準報酬月額の基礎となる報酬月額とみなしたときの標準
報酬月額の30分の1に相当する額の、いずれか少ない額の3分の2に相当す
る金額とする。

解答 186　○　法103条／P150　社労士24P68▼

　　記述の通り正しい。

保険給付　第5章　106

第11節 死亡に関する給付

問題 187 令0102 E □□□□□□□

被保険者が死亡したときは、埋葬を行う者に対して、埋葬料として5万円を支給するが、その対象者は当該被保険者と同一世帯であった者に限られる。

問題 188 平2410 D □□□□□□□

埋葬料の支給要件にある「その者により生計維持していた者」とは、被保険者により生計の全部若しくは大部分を維持していた者に限られず、生計の一部を維持していた者も含まれる。

問題 189 平2507 A □□□□□□□

埋葬を行う者とは、実際に埋葬を行った者をいうのであるから、被保険者が死亡し社葬を行った場合には、たとえその被保険者に配偶者がいたとしても、配偶者には埋葬料は支給されない。

第11節　死亡に関する給付

解答 187　×　法100条／P151　社労士24 P69▼

　　被保険者が死亡したときは、その者により「生計を維持していた者」であって、埋葬を行うものに対し、埋葬料が支給される。

解答 188　○　S8.8.7保発502／P151　社労士24 P69▼

　　記述の通り正しい。

解答 189　×　法100条、S2.7.14保理2788／P151　社労士24 P69▼

　　埋葬を行う者とは、「実際に埋葬を行う者ではなく、社会通念上埋葬を行うべき者をいう」。

保険給付　第5章　108

問題 190 令0403 □□□□□□□

　健康保険法に関する次のアからオの記述のうち、誤っているものの組合せは、後記AからEまでのうちどれか。

　ア　健康保険法第100条では、「被保険者が死亡したときは、その者により生計を維持していた者であって、埋葬を行うものに対し、埋葬料として、政令で定める金額を支給する。」と規定している。

　イ　被保険者が療養の給付（保険外併用療養費に係る療養を含む。）を受けるため、病院又は療養所に移送されたときは、保険者が必要であると認める場合に限り、移送費が支給される。移送費として支給される額は、最も経済的な通常の経路及び方法により移送された場合の費用により保険者が算定した額から３割の患者自己負担分を差し引いた金額とする。ただし、現に移送に要した金額を超えることができない。

　ウ　全国健康保険協会（以下本問において「協会」という。）が都道府県単位保険料率を変更しようとするときは、あらかじめ、協会の理事長が当該変更に係る都道府県に所在する協会支部の支部長の意見を聴いたうえで、運営委員会の議を経なければならない。その議を経た後、協会の理事長は、その変更について厚生労働大臣の認可を受けなければならない。

　エ　傷病手当金の支給を受けている期間に別の疾病又は負傷及びこれにより発した疾病につき傷病手当金の支給を受けることができるときは、後の傷病に係る待期期間の経過した日を後の傷病に係る傷病手当金の支給を始める日として傷病手当金の額を算定し、前の傷病に係る傷病手当金の額と比較し、いずれか多い額の傷病手当金を支給する。その後、前の傷病に係る傷病手当金の支給が終了又は停止した日において、後の傷病に係る傷病手当金について再度額を算定し、その額を支給する。

109　第5章　保険給付

オ　指定訪問看護事業者は、指定訪問看護に要した費用につき、その支払を受ける際、当該支払をした被保険者に対し、基本利用料とその他の利用料を、その費用ごとに区分して記載した領収書を交付しなければならない。

　　A　（アとイ）
　　B　（アとウ）
　　C　（イとエ）
　　D　（イとオ）
　　E　（エとオ）

解答 190　C　（イとエ）

ア　○　法100条／P151　社労士24P69▼

　　なお、支給額については、死亡した被保険者の標準報酬月額にかかわ
らず、一律5万円となる。

イ　×　則80条／P136　社労士24P61▼

　　移送費については、療養の給付に係る一部負担金のような負担はない。

ウ　○　法160条／P74　社労士24P31▼

　　記述の通り正しい。

エ　×　H27.12.18事務連絡／P－　社労士24P－▼

　　本肢後段については、前の傷病に係る傷病手当金の支給が終了又は停
止した日において、後の傷病に係る傷病手当金について「再度額を算定
する必要はない」とされている。

オ　○　則72条／P135　社労士24P－▼

　　記述の通り正しい。

111　第5章　保険給付

保険給付　第5章　112

問題 191 平2507 D　　□□□□□□□

死亡した被保険者により生計を維持されていなかった兄弟姉妹は、実際に埋葬を行った場合であっても、埋葬に要した費用に相当する金額の支給を受ける埋葬を行った者に含まれない。

問題 192 平2507 C　　□□□□□□□ ☆

埋葬料の支給を受けようとする者は、死亡した被保険者により生計を維持されていた者であるから、埋葬料の申請書には当該被保険者と申請者との続柄を記載する必要はない。

問題 193 平2507 E　　□□□□□□□ ☆

埋葬料について、被保険者が旅行中に船舶より転落して行方不明となり、なお死体の発見にいたらないが、当時の状況により死亡したものと認められる場合には、同行者の証明書等により死亡したものとして取り扱う。

第12節　家族給付

問題 194 令0102 B　　□□□□□□□

67歳の被扶養者が保険医療機関である病院の療養病床に入院し、療養の給付と併せて生活療養を受けた場合、被保険者に対して入院時生活療養費が支給される。

問題 195 平3007 E　　□□□□□□□

被扶養者が疾病により家族療養費を受けている間に被保険者が死亡した場合、被保険者は死亡によって被保険者の資格を喪失するが、当該資格喪失後も被扶養者に対して家族療養費が支給される。

113　第5章　保険給付

解答 191 × 法100条／P152 社労士24P70▼

　埋葬に要した費用に相当する金額の支給を受ける埋葬を行った者は、「実際に埋葬を行った者」をいい、死亡した被保険者により生計を維持していなかった親族等も含まれる。

解答 192 × 則85条／P153 社労士24P－▼

　埋葬料の支給を受けようとする者にあっては、被保険者と申請者との「続柄を記載」した申請書を保険者に提出しなければならない。

解答 193 ○ S4.5.22保理1705／P153 社労士24P－▼

　記述の通り正しい。

第12節　家族給付

解答 194 × 法110条／P154 社労士24P71▼

　本肢の場合、「家族療養費」が支給される。

解答 195 × S27.10.3保文発5383／P154 社労士24P71▼

　家族療養費はあくまでも被保険者に対して支給されるものであり、被保険者が死亡した場合には、受給権者がいなくなるので「家族療養費の支給はその翌日から打ち切られる」。

保険給付　第5章　114

問題 196 平2908 C □□□□□□□

68歳の被保険者で、その者の厚生労働省令で定めるところにより算定した収入の額が520万円を超えるとき、その被扶養者で72歳の者に係る健康保険法第110条第2項第1号に定める家族療養費の給付割合は70%である。

問題 197 平3010 D □□□□□□□

被扶養者が6歳に達する日以後の最初の3月31日以前である場合、家族療養費の額は、当該療養（食事療養及び生活療養を除く。）につき算定した費用の額（その額が現に当該療養に要した費用の額を超えるときは、当該現に療養に要した費用の額）に100分の90を乗じて得た額である。

問題 198 平2907 C □□□□□□□

被保険者の被扶養者が指定訪問看護事業者から指定訪問看護を受けたときは、被扶養者に対しその指定訪問看護に要した費用について、訪問看護療養費を支給する。

問題 199 平2407 B □□□□□□□

被保険者の被扶養者が死亡したときは、家族埋葬料として、被保険者に対して10万円が支給される。

問題 200 平2608 E □□□□□□□

被保険者の被扶養者が死産をしたときは、被保険者に対して家族埋葬料として5万円が支給される。

問題 201 令0309 A □□□□□□□

家族出産育児一時金は、被保険者の被扶養者である配偶者が出産した場合にのみ支給され、被保険者の被扶養者である子が出産した場合には支給されない。

115 第5章 保険給付

解答 196 ×　　法110条／P155　社労士24 P72▼

　本肢の家族療養費の給付割合は、被保険者の収入にかかわらず80％となる。

解答 197 ×　　法110条／P155　社労士24 P72▼

　6歳に達する日以後の最初の3月31日以前にある被扶養者に係る家族療養費の額は、療養につき算定した費用の額に「100分の80」を乗じて得た額である。

解答 198 ×　　法111条／P157　社労士24 P73▼

　本肢の場合、「被保険者」に対し「家族訪問看護療養費」が支給される。

解答 199 ×　　法113条、令35条／P158　社労士24 P73▼

　家族埋葬料の額は、一律「5万円」である。

解答 200 ×　　法113条、S23.12.2保文発898／P158　社労士24 P73▼

　家族埋葬料が支給されるのは、被扶養者の死亡に限られ、「死産児については支給されない」。

解答 201 ×　　法114条／P158　社労士24 P73▼

　被保険者の「被扶養者」が出産したときは、家族出産育児一時金が支給される。

問題 202 令0504E 🆕 □□□□□□□

　令和5年4月1日以降、被保険者の被扶養者が産科医療補償制度に加入する医療機関等で医学的管理の下、妊娠週数22週以降に双子を出産した場合、家族出産育児一時金として、被保険者に対し100万円が支給される。

第13節　高額療養費

問題 203 平2403E □□□□□□□

　被保険者が3月15日から4月10日まで同一の医療機関で入院療養を受けた場合は、高額療養費は3月15日から3月31日までの療養に係るものと、4月1日から4月10日までの療養に係るものに区分される。

問題 204 平3002B □□□□□□□

　高額療養費の算定における世帯合算は、被保険者及びその被扶養者を単位として行われるものであり、夫婦がともに被保険者である場合は、原則としてその夫婦間では行われないが、夫婦がともに70歳以上の被保険者であれば、世帯合算が行われる。

問題 205 令0502B 🆕 □□□□□□□

　高額療養費は公的医療保険による医療費だけを算定の対象にするのではなく、食事療養標準負担額、生活療養標準負担額又は保険外併用療養に係る自己負担分についても算定の対象とされている。

117　第5章　保険給付

解答 202 ○　令36条／P158・148　社労士24P73・67▼

　　被保険者の被扶養者が出産したときは、家族出産育児一時金として、被保
険者に対し、一児につき48万8千円（産科医療補償制度に係る制度対象分娩
の場合、上限3万円で保険者が定める額（現在1万2千円）が加算）が支給
される。また、双児等分娩の場合には、胎盤数にかかわらず一産児排出を一
分娩と認め、胎児数に応じて出産育児一時金を支給することより、本肢の通
りとなる。

第13節　高額療養費

解答 203 ○　令41条／P159　社労士24P74・75▼

　　高額療養費の支給の基礎となる一部負担金等の額は、レセプトを単位とす
るものであり、レセプトの作成単位は暦月ごととされている。

解答 204 ×　令41条／P159　社労士24P75▼

　　夫婦ともに被保険者である場合は、夫婦の年齢に関係なく世帯合算は行わ
れない。

解答 205 ×　令41条／P160　社労士24P75▼

　　食事療養標準負担額、生活療養標準負担額、保険外併用療養費に係る自己
負担分は、「算定の対象とならない」。

保険給付　第5章　118

問題 206　平2703 E　　□□□□□□□

　同一の月に同一の保険医療機関において内科及び歯科をそれぞれ通院で受診したとき、高額療養費の算定上、１つの病院で受けた療養とみなされる。

問題 207　平2908 B　　□□□□□□□

　全国健康保険協会管掌健康保険の被保険者が適用事業所を退職したことにより被保険者資格を喪失し、その同月に、他の適用事業所に就職したため組合管掌健康保険の被保険者となった場合、同一の病院で受けた療養の給付であったとしても、それぞれの管掌者ごとにその月の高額療養費の支給要件の判定が行われる。

問題 208　平2502 A　　□□□□□□□

　標準報酬月額560,000円の被保険者（50歳）の被扶養者（45歳）が、同一の月における入院療養（食事療養及び生活療養を除き、同一の医療機関における入院である。）に係る１か月の一部負担金の額として210,000円を支払った場合、高額療養費算定基準額は84,430円である。なお、当該世帯は、入院療養があった月以前12か月以内に高額療養費の支給を受けたことはない。

問題 209　平2601 A　　□□□□□□□

　高額療養費多数回該当の場合とは、療養のあった月以前の12か月以内に既に高額療養費が支給されている月数が２か月以上ある場合をいい、３か月目からは一部負担金等の額が多数回該当の高額療養費算定基準額を超えたときに、その超えた分が高額療養費として支給される。

119　第5章　保険給付

解答 206 ×　令43条、S48.10.17保険発95・庁保険発18
／P160　社労士24P75▼

　高額療養費の算定について、同一医療機関であっても、「医科、歯科別に
それぞれ区別される」。また、同一医療機関であっても、「入院診療分と通院
診療分とは、それぞれ区別される」。

解答 207 ○　S48.11.7保険発99・庁保険発21／P160　社労士24P75▼

　本肢のように、同一の月において管掌者（保険者）が変わった場合、レセ
プトがそれぞれの管掌者別に区分されるので、それぞれの管掌者ごとに高額
療養費の支給要件の判定をしていく。

解答 208 ×　令42条／P161　社労士24P75▼

　本肢の被保険者は、標準報酬月額が560,000円であることから、高額療養
費算定基準額は以下の通りとなる。

　167,400円＋（700,000円－558,000円）×1％＝168,820円

　※一部負担金（3割）の額が210,000円であることから療養に要した費用
　の額（10割）が700,000円（210,000円÷3/10＝700,000円）となる。

解答 209 ×　令42条／P162　社労士24P75▼

　療養があった月以前の12か月以内に、既に高額療養費が支給されている月
数が「3か月以上」ある場合には、「4か月目」から多数回該当の場合の高
額療養費算定基準額となり、一部負担金等の額が当該多数回該当の高額療養
費算定基準額を超えたときに、その超えた分が高額療養費として支給される。

保険給付　第5章　120

問題 210　平2604 A　□□□□□□□

　高額療養費多数回該当に係る回数通算について、特定疾病（費用が著しく高額で、かつ、長期間にわたる治療を継続しなければならないものとして厚生労働大臣が定める疾病）に係る高額療養費の支給回数は、その他の傷病に係る高額療養費と世帯合算をされた場合を除き、通算されない。

問題 211　O　R　□□□□□□□☆

　被保険者の標準報酬月額が260,000円で被保険者及びその被扶養者がともに72歳の場合、同一の月に、被保険者がＡ病院で受けた外来療養による一部負担金が20,000円、被扶養者がＢ病院で受けた外来療養による自己負担額が10,000円であるとき、被保険者及び被扶養者の外来療養に係る高額療養費は16,000円となる。なお、外来療養に係る70歳以上の年間の高額療養費については考慮しないものとする。

問題 212　令0204 D　□□□□□□□

　標準報酬月額が56万円である60歳の被保険者が、慢性腎不全で１つの病院から人工腎臓を実施する療養を受けている場合において、当該療養に係る高額療養費算定基準額は10,000円とされている。

第14節　高額介護合算療養費

問題 213　令0103 E　□□□□□□□

　高額介護合算療養費は、一部負担金等の額並びに介護保険の介護サービス利用者負担額及び介護予防サービス利用者負担額の合計額が著しく高額である場合に支給されるが、介護保険から高額医療合算介護サービス費又は高額医療合算介護予防サービス費が支給される場合には支給されない。

解答 210 ○ 令42条、S59.9.29保険発74・庁保険発18
／P162 社労士24P −▼

記述の通り正しい。

解答 211 × 令42条／P166 社労士24P76▼

70歳以上の外来療養に係る高額療養費は、「個人単位」で適用される。被保険者の外来療養に係る一部負担金20,000円に対しては、2,000円（20,000円−高額療養費算定基準額18,000円※）が高額療養費として支払われるが、被扶養者の外来療養に係る自己負担額10,000円に対しては、高額療養費算定基準額を超えないため高額療養費は支払われない。したがって、本肢の場合、外来療養に係る高額療養費は「2,000円」である。

※標準報酬月額28万円未満の者（低所得者を除く。）に係る高額療養費算定基準額は18,000円である。

解答 212 × 令42条／P170 社労士24P79▼

標準報酬月額が「53万円以上」である「70歳に達する日の属する月以前」の者が本肢の療養を受けている場合、当該療養に係る高額療養費算定基準額は「20,000円」となる。

第14節 高額介護合算療養費

解答 213 × 法115条の2／P171・172 社労士24P80▼

介護保険から高額医療合算介護サービス費又は高額医療合算介護予防サービス費が支給される場合であっても、高額介護合算療養費が支給される。

保険給付 第5章 122

問題 214　平3003 B　□□□□□□□

　　高額介護合算療養費は、健康保険法に規定する一部負担金等の額並びに介護保険法に規定する介護サービス利用者負担額及び介護予防サービス利用者負担額の合計額が、介護合算算定基準額に支給基準額を加えた額を超える場合に支給される。高額介護合算療養費は、健康保険法に基づく高額療養費が支給されていることを支給要件の1つとしており、一部負担金等の額は高額療養費の支給額に相当する額を控除して得た額となる。

問題 215　O　　R　□□□□□□□

　高額介護合算療養費は、計算期間（前年8月1日から7月31日までの1年間）の末日において健康保険の被保険者及びその被扶養者についてそれぞれ個別に算定し支給する。

問題 216　平2803 A　□□□□□□□

　70歳未満の被保険者又は被扶養者の受けた療養について、高額療養費を算定する場合には、同一医療機関で同一月内の一部負担金等の額が21,000円未満のものは算定対象から除かれるが、高額介護合算療養費を算定する場合には、それらの費用も算定の対象となる。

問題 217　令0202 B　□□□□□□□

　高額介護合算療養費に係る自己負担額は、その計算期間（前年の8月1日からその年の7月31日）の途中で、医療保険や介護保険の保険者が変更になった場合でも、変更前の保険者に係る自己負担額と変更後の保険者に係る自己負担額は合算される。

123　第5章　保険給付

解答 214　×　法115条の2／P172　社労士24P80▼

　高額介護合算療養費は、高額療養費等が支給されていることは支給要件になっていないため、高額療養費が支給されていなかった場合であっても、所定の要件を満たしていれば支給される。

解答 215　×　令43条の2／P172　社労士24P－▼

　高額介護合算療養費は、「医療保険上の世帯を単位」として、計算期間（前年8月1日から7月31日までの期間をいう。）の末日にその世帯に属する者に関し、費用負担者である被保険者等が、当該計算期間に負担した「自己負担額の合算額」が、介護合算算定基準額に支給基準額（500円）を加えた額を超える場合に支給する。

解答 216　×　令43条の2／P173　社労士24P81▼

　高額介護合算療養費についても、70歳未満の被保険者又は被扶養者が受けた療養については、同一医療機関で同一月内の一部負担金等の額が21,000円未満のものは、その算定対象から除かれる。

解答 217　○　H21.4.30保保発0430001／P173　社労士24P81▼

　記述の通り正しい。

保険給付　第5章　124

問題 218　O　　R　□□□□□□□☆

　高額介護合算療養費の額は、介護合算一部負担金等世帯合算額から介護合算算定基準額に支給基準額（現在「500円」）を加えた額を控除した額に、介護合算按分率を乗じて得た額である。

問題 219　O　　R　□□□□□□□☆

　高額介護合算療養費の額は、介護合算一部負担金等世帯合算額から介護合算算定基準額を控除した額である。

第15節　資格喪失後の給付

問題 220　令0108D　□□□□□□□

　資格喪失後の継続給付としての傷病手当金を受けるためには、資格喪失日の前日まで引き続き１年以上被保険者であったことが要件の１つとされているが、転職等により異なった保険者における被保険者期間（１日の空白もなく継続しているものとする。）を合算すれば１年になる場合には、その要件を満たすものとされている。なお、これらの被保険者期間には、任意継続被保険者、特例退職被保険者又は共済組合の組合員である被保険者の期間は含まれないものとする。

125　第5章　保険給付

解答 218　×　　令43条の2／P174　社労士24P81▼

　　高額介護合算療養費の額は、介護合算一部負担金等世帯合算額から「介護
合算算定基準額」を控除した額に、介護合算按分率を乗じて得た額である。

解答 219　×　　令43条の2／P174　社労士24P81▼

　　高額介護合算療養費の額は、介護合算一部負担金等世帯合算額から介護合
算算定基準額を控除した額に、「介護合算按分率を乗じて得た額」である。

第15節　資格喪失後の給付

解答 220　○　　法104条／P176　社労士24P83▼

　　本肢の被保険者期間は、必ずしも同じ事業所、同じ保険者で1年以上続い
ていなければならないわけではなく、被保険者期間が継続していればよい。

保険給付　第5章　126

問題 221　令0409C　　□□□□□□□

　共済組合の組合員として6か月間加入していた者が転職し、1日の空白も
なく、A健康保険組合の被保険者資格を取得して7か月間加入していた際に、
療養のため労務に服することができなくなり傷病手当金の受給を開始した。
この被保険者が、傷病手当金の受給を開始して3か月が経過した際に、事業
所を退職し、A健康保険組合の任意継続被保険者になった場合でも、被保険
者の資格を喪失した際に傷病手当金の支給を受けていることから、被保険者
として受けることができるはずであった期間、継続して同一の保険者から傷
病手当金の給付を受けることができる。

問題 222　令0510D　㊙　□□□□□□□

　令和5年4月1日に被保険者の資格を喪失した甲は、資格喪失日の前日ま
で引き続き1年以上の被保険者（任意継続被保険者、特例退職被保険者又は
共済組合の組合員である被保険者ではないものとする。）期間を有する者で
あった。甲は、令和5年3月27日から療養のため労務に服することができな
い状態となったが、業務の引継ぎのために令和5年3月28日から令和5年3
月31日までの間は出勤した。この場合、甲は退職後に被保険者として受け
ることができるはずであった期間、傷病手当金の継続給付を受けることができ
る。

問題 223　令0309B　　□□□□□□□

　1年以上の継続した被保険者期間（任意継続被保険者であった期間、特例
退職被保険者であった期間及び共済組合の組合員であった期間を除く。）を
有する者であって、出産予定日から起算して40日前の日に退職した者が、退
職日において通常勤務していた場合、退職日の翌日から被保険者として受け
ることができるはずであった期間、資格喪失後の出産手当金を受けることが
できる。

解答 221 × 法104条／P176 社労士24 P83▼

　　傷病手当金の継続給付の一要件である、「被保険者の資格を喪失した日の前日まで引き続き１年以上被保険者であったこと」について、共済組合の組合員である被保険者であった期間は、「１年以上」の期間に含まれない。したがって、本肢の場合、傷病手当金の継続給付を「受けることはできない」。

解答 222 × 法104条、S31.2.29保文発1590／P176 社労士24 P82▼

　　本肢の場合、待期未完成のため被保険者の資格を喪失した際に傷病手当金の支給を受けていない。したがって、資格喪失後の傷病手当金の「受給はできない」。

解答 223 × 法104条、H19.3.31事務連絡／P176 社労士24 P82▼

　　本肢の場合、退職日に通常勤務しているため、被保険者資格を喪失した際に出産手当金の支給を受けておらず、資格喪失後の出産手当金を受けることはできない。

保険給付　第5章　128

問題 224　令0405 D　　□□□□□□□

　被保険者の資格を喪失した日の前日まで引き続き１年以上被保険者（任意継続被保険者、特例退職被保険者又は共済組合の組合員である被保険者ではないものとする。）であった者が、被保険者の資格を喪失した日より６か月後に出産したときに、被保険者が当該出産に伴う出産手当金の支給の申請をした場合は、被保険者として受けることができるはずであった出産手当金の支給を最後の保険者から受けることができる。

問題 225　令0105 E　　□□□□□□□☆

　資格喪失後、継続給付としての傷病手当金の支給を受けている者について、一旦稼働して当該傷病手当金が不支給となったとしても、完全治癒していなければ、その後更に労務不能となった場合、当該傷病手当金の支給が復活する。

問題 226　令0504 B　🈟　　□□□□□□□

　傷病手当金の継続給付を受けている者（傷病手当金を受けることができる日雇特例被保険者又は日雇特例被保険者であった者を含む。）に、老齢基礎年金や老齢厚生年金等が支給されるようになったときは、傷病手当金は打ち切られる。

問題 227　平2103 C　　□□□□□□□

　被保険者の資格を喪失した日の前日までに引き続き１年以上被保険者であった者が被保険者の資格を喪失した後８か月以内に出産したときは、被保険者として受けることができるはずであった出産育児一時金の支給を最後の保険者から受けることができる。

129　第5章　保険給付

解答 224 × 法104条、106条／P176 社労士24 P82▼

　本肢の者は、「被保険者の資格を喪失した日より6か月後に出産」より、資格喪失の際に出産手当金の支給を受けている状態にはならない。したがって、本肢の資格喪失後の出産については、出産手当金は「支給されない」。

解答 225 × S26.5.1保文発1346／P177 社労士24 P83▼

　資格喪失後継続して傷病手当金の支給を受けている者については、保険診療を受けていても、一旦稼働して傷病手当金が不支給となった場合には、完全治ゆであると否とを問わず、その後さらに労務不能となっても傷病手当金の支給は復活されない。

解答 226 × 法108条／P177 社労士24 P83▼

　被保険者資格を喪失後に傷病手当金の継続給付を受給している者が、老齢退職年金給付の支給を受けることができるときは、「傷病手当金」が支給されない。ただし、老齢退職年金給付の額を360で除して得た額が、傷病手当金の額より少額であるときは、その差額が傷病手当金として支給される。なお、適用事業所に使用される被保険者が傷病手当金を受けるときには、老齢退職年金給付との調整は行われない。

解答 227 × 法106条／P178 社労士24 P83▼

　資格喪失後の出産育児一時金を受給するためには、資格喪失後「6か月以内」に出産することが要求される。

問題 228　令0204 C　□□□□□□□

　被保険者の資格を喪失した日の前日まで引き続き１年以上被保険者（任意継続被保険者、特例退職被保険者又は共済組合の組合員である被保険者ではないものとする。）であった者が、その被保険者の資格を喪失した日後６か月以内に出産した場合、出産したときに、国民健康保険の被保険者であっても、その者が健康保険法の規定に基づく出産育児一時金の支給を受ける旨の意思表示をしたときは、健康保険法の規定に基づく出産育児一時金の支給を受けることができる。

問題 229　平2501 E　□□□□□□□

　引き続き１年以上の被保険者期間（任意継続被保険者期間、特例退職被保険者期間又は共済組合の組合員である期間を除く。）を有し、資格喪失後６か月以内に出産した者が、健康保険の被扶養者になっている場合、請求者の選択により被保険者本人としての出産育児一時金、又は被扶養者としての家族出産育児一時金のいずれかを受給することとなる。

問題 230　平2401 A　□□□□□□□

　被保険者であった者が被保険者の資格を喪失した日後６か月以内に死亡したときは、被保険者であった者により生計を維持していた者であって、埋葬を行うものは、その被保険者の最後の保険者から埋葬料の支給を受けることができる。

問題 231　平2908 E　□□□□□□□

　資格喪失後の継続給付として傷病手当金の支給を受けていた者が、被保険者資格の喪失から３か月を経過した後に死亡したときは、死亡日が当該傷病手当金を受けなくなった日後３か月以内であっても、被保険者であった者により生計を維持していた者であって、埋葬を行うものが埋葬料の支給を受けることはできない。

131　第５章　保険給付

解答 228　○　法106条、H23.6.3保保発0603第2号・保国発0603第2号
　　　　　　／P178　社労士24 P83▼

　なお、対象者が健康保険法第106条の規定に基づき、健康保険の保険者から出産育児一時金の支給を受ける旨の意思表示をして健康保険の保険者から出産育児一時金の支給を受ける場合には、国民健康保険の保険者からは出産育児一時金の支給を行わない。一方、対象者が、健康保険の保険者から出産育児一時金の支給を受ける旨の意思表示をしない場合には、国民健康保険の保険者が当該対象者からの申請を受けて出産育児一時金の支給を行うものである。

解答 229　○　S48.11.7保険発99・庁保険発21 ／P179　社労士24 P84▼

　記述の通り正しい。

解答 230　×　法105条／P179　社労士24 P84▼

　本肢の場合、被保険者の資格を喪失した後「3か月以内」に死亡したときは、資格喪失後の死亡に関する給付が行われる。

解答 231　×　法105条／P179　社労士24 P84▼

　資格喪失後の傷病手当金の継続給付を受けなくなった日後3か月以内に死亡した場合、埋葬料等の支給を受けることができる。

保険給付　第5章　132

問題 232 令0306 D □□□□□□□

　　傷病手当金又は出産手当金の継続給付を受ける者が死亡したとき、当該継続給付を受けていた者がその給付を受けなくなった日後3か月以内に死亡したとき、又はその他の被保険者であった者が資格喪失後3か月以内に死亡したときは、埋葬を行う者は誰でもその被保険者の最後の保険者から埋葬料の支給を受けることができる。

問題 233 平3009 C □□□□□□□

　　被保険者の資格喪失後の出産により出産育児一時金の受給資格を満たした被保険者であった者が、当該資格喪失後に船員保険の被保険者になり、当該出産について船員保険法に基づく出産育児一時金の受給資格を満たした場合、いずれかを選択して受給することができる。

第16節　保険給付の制限

問題 234 令0306 C □□□□□□□

　　被保険者又は被保険者であった者が、自己の故意の犯罪行為により、又は故意若しくは重過失により給付事由を生じさせたときは、当該給付事由に係る保険給付は行われない。

問題 235 平2508 E □□□□□□□

　　故意の犯罪行為により生じた事故について、給付制限がなされるためには、その行為の遂行中に事故が発生したという関係があるのみでは不十分であり、その行為が保険事故発生の主たる原因であるという相当な因果関係が両者の間にあることが必要である。

解答 232　×　　法105条、100条／P179・151　社労士24 P 84・69▼

　　埋葬料は、「その者により生計を維持していた者であって、埋葬を行うもの」
に対し、支給される。

解答 233　×　　法107条／P180　社労士24 P 84▼

　　資格喪失後の給付を受けられる者が、船員保険の被保険者となったときは、
「資格喪失後の給付は行われない」。

第16節　保険給付の制限

解答 234　×　　法116条／P181　社労士24 P 85▼

　　被保険者又は被保険者であった者が、自己の故意の犯罪行為により、又は
故意に給付事由を生じさせたときは、当該給付事由に係る保険給付は行われ
ないが、「重過失」による場合はこれに含まれない。

解答 235　○　　S35.4.27保文発3030／P181　社労士24 P －▼

　　記述の通り正しい。

問題 236　令0206 E　　□□□□□□□

　被保険者が道路交通法違反である無免許運転により起こした事故のため死亡した場合には、所定の要件を満たす者に埋葬料が支給される。

問題 237　平2806 A　　□□□□□□□

　健康保険法第116条では、被保険者又は被保険者であった者が、自己の故意の犯罪行為により又は故意に給付事由を生じさせたときは、当該給付事由に係る保険給付は行われないと規定されているが、被扶養者に係る保険給付についてはこの規定が準用されない。

問題 238　令0409 A　　□□□□□□□

　被保険者が自殺により死亡した場合は、その者により生計を維持していた者であって、埋葬を行う者がいたとしても、自殺については、健康保険法第116条に規定する故意に給付事由を生じさせたときに該当するため、当該給付事由に係る保険給付は行われず、埋葬料は不支給となる。

問題 239　令0407 E　　□□□□□□□

　被保険者が故意に給付事由を生じさせたときは、当該給付事由についての保険給付は行われないため、自殺未遂による傷病に係る保険給付については、その傷病の発生が精神疾患に起因するものであっても保険給付の対象とならない。

135　第5章　保険給付

解答 236 ○　S36.7.5保険発63の2／P181　社労士24 P85▼

　健康保険の被保険者が、道路交通法規違反により処罰されるべき行為（例えば、制限速度超過、無免許運転等）中に起こした事故により死亡した場合において、その死亡事故が、当該犯罪行為と相当因果関係があると認められるときであっても、死亡は最終的1回限りの絶対的な事故であることから埋葬料は支給される。

解答 237 ×　法122条、116条／P181・183　社労士24 P85▼

　本肢の規定は、被扶養者についても準用される。

解答 238 ×　S26.3.19保文発721／P182　社労士24 P85▼

　本肢の場合、埋葬料が「支給される」。

解答 239 ×　H22.5.21保保発0521001／P182　社労士24 P85▼

　故意に給付事由を生じさせた場合は、その給付事由についての保険給付等は行わないことと規定されているが、自殺未遂による傷病について、その傷病の発生が精神疾患等に起因するものと認められる場合は、「故意」に給付事由を生じさせたことに当たらず、保険給付等の「対象となる」。

保険給付　第5章　136

問題 240 平2905 A ☐☐☐☐☐☐☐

　被保険者が闘争、泥酔又は著しい不行跡によって給付事由を生じさせたときは、当該給付事由に係る保険給付は、その全部又は一部を行わないことができる。

問題 241 令0506 D ㊣ ☐☐☐☐☐☐☐

　被保険者又は被保険者であった者が、少年院その他これに準ずる施設に収容されたとき又は刑事施設、労役場その他これらに準ずる施設に拘禁されたときのいずれかに該当する場合には、疾病、負傷又は出産につき、その期間に係る保険給付（傷病手当金及び出産手当金の支給にあっては、厚生労働省令で定める場合に限る。）は行わないが、その被扶養者に係る保険給付も同様に行わない。

問題 242 令0206 D ☐☐☐☐☐☐☐

　保険者は、被保険者又は被保険者であった者が、正当な理由なしに診療担当者より受けた診断書、意見書等により一般に療養の指示と認められる事実があったにもかかわらず、これに従わないため、療養上の障害を生じ著しく給付費の増加をもたらすと認められる場合には、保険給付の一部を行わないことができる。

問題 243 平3007 A ☐☐☐☐☐☐☐

　保険者は、被保険者の被扶養者が、正当な理由なしに療養に関する指示に従わないときは、当該被扶養者に係る保険給付の全部を行わないことができる。

問題 244 平2204 E ☐☐☐☐☐☐☐

　被扶養者が少年院その他これに準ずる施設に収容されたとき、疾病、負傷または出産につき、その期間に係る保険給付はすべて行わない。

137　第5章　保険給付

解答 240 ○　法117条／P182　社労士24 P86▼

記述の通り正しい。

+α【相対的給付制限】
・闘争or泥酔or著しい不行跡
→全部or一部を行わないことが「できる」（行わないものとする×）

解答 241 ×　法118条／P182　社労士24 P86▼

保険者は、被保険者又は被保険者であった者が本肢の給付制限事由に該当する場合であっても、「被扶養者に係る保険給付を行うことを妨げない」。

解答 242 ○　法119条、S26.5.9保発37／P183　社労士24 P86▼

記述の通り正しい。

解答 243 ×　法119条、122条／P183　社労士24 P－▼

保険者は、被保険者の被扶養者が、正当な理由なしに療養に関する指示に従わないときは、当該被扶養者に係る保険給付の「一部」を行わないことができる。

解答 244 ×　法118条、122条／P183・182　社労士24 P86▼

本肢の場合、疾病、負傷又は出産につき「当該被扶養者に係る保険給付のみ」が行われない。

保険給付　第5章　138

問題 245　平3006 D　　□□□□□□□

　保険者は、偽りその他不正の行為により保険給付を受け、又は受けようとした者に対して、6か月以内の期間を定め、その者に支給すべき療養費の全部又は一部を支給しない旨の決定をすることができるが、偽りその他不正の行為があった日から3年を経過したときは、この限りでない。

問題 246　令0206 B　　□□□□□□□

　保険者は、偽りその他不正の行為により保険給付を受け、又は受けようとした者に対して、6か月以内の期間を定め、その者に支給すべき傷病手当金又は出産手当金の全部又は一部を支給しない旨の決定をすることができるが、その決定は保険者が不正の事実を知った時以後の将来においてのみ決定すべきであるとされている。

問題 247　O　　R　　□□□□□□□

　保険者は、保険給付を受ける者が、正当な理由なしに、文書の提出等の命令に従わず、又は答弁若しくは受診を拒んだときは、保険給付の全部を行わない。

第17節　保険給付の通則

問題 248　令0103 A　　□□□□□□□

　国に使用される被保険者であって、健康保険法の給付の種類及び程度以上である共済組合の組合員であるものに対しては、同法による保険給付を行わない。

解答 245 ✕ 法120条／P184 社労士24P86▼

　保険者は、偽りその他不正の行為により保険給付を受け、又は受けようとした者に対して、6か月以内の期間を定め、その者に支給すべき「傷病手当金又は出産手当金」の全部又は一部を支給しない旨の決定をすることができる。ただし、偽りその他不正の行為があった日から「1年」を経過したときは、この限りではない。

解答 246 ◯ 法120条、S3.3.14保理483／P184 社労士24P－▼

　記述の通り正しい。

解答 247 ✕ 法121条／P184 社労士24P86▼

　保険者は、保険給付を受ける者が、正当な理由なしに、文書の提出等の命令に従わず、又は答弁若しくは受診を拒んだときは、保険給付の「全部又は一部を行わないことができる」。

第17節　保険給付の通則

解答 248 ◯ 法200条／P184 社労士24P87▼

　なお、本肢の規定により保険給付を受けない者に関しては、保険料は徴収されない。

問題 249 令0402A □□□□□□□

　被保険者の数が5人以上である適用事業所に使用される法人の役員としての業務（当該法人における従業員が従事する業務と同一であると認められるものに限る。）に起因する疾病、負傷又は死亡に関しては、傷病手当金を含めて健康保険から保険給付が行われる。

問題 250 平3010A □□□□□□□

　被保険者が5人未満である適用事業所に所属する法人の代表者は、業務遂行の過程において業務に起因して生じた傷病に関しても健康保険による保険給付の対象となる場合があるが、その対象となる業務は、当該法人における従業員（健康保険法第53条の2に規定する法人の役員以外の者をいう。）が従事する業務と同一であると認められるものとされている。

問題 251 令0105A □□□□□□□ ☆

　労働者災害補償保険（以下「労災保険」という。）の任意適用事業所に使用される被保険者に係る通勤災害について、労災保険の保険関係の成立の日前に発生したものであるときは、健康保険により給付する。ただし、事業主の申請により、保険関係成立の日から労災保険の通勤災害の給付が行われる場合は、健康保険の給付は行われない。

問題 252 平2209D □□□□□□□

　被保険者に係る療養の給付又は入院時食事療養費、入院時生活療養費、保険外併用療養費、療養費、訪問看護療養費、家族療養費もしくは家族訪問看護療養費の支給は、同一の疾病、負傷又は死亡について、介護保険法の規定によりこれらに相当する給付を受けることができる場合には行わない。

解答 249 ×　法53条の2／P185　社労士24P87▼

　本肢については、傷病手当金を含めて健康保険から保険給付は「行われない」。

解答 250 ○　法53条の2、則52条の2／P186　社労士24P87▼

　なお、法人の役員とは、業務を執行する社員、取締役、執行役又はこれらに準ずる者をいい、相談役、顧問その他いかなる名称を有する者であるかを問わず、法人に対し業務を執行する社員、取締役、執行役又はこれらに準ずる者と同等以上の支配力を有するものと認められる者を含む。

解答 251 ○　S48.12.1保険発105・庁保険発24／P187　社労士24P88▼

　記述の通り正しい。

解答 252 ×　法55条／P187　社労士24P88▼

　本肢の場合、「同一の疾病、負傷又は死亡について」ではなく、「同一の疾病又は負傷について」であり、死亡は含まれない。

保険給付　第5章　142

問題 253　令0506C　新　□□□□□□□

被保険者に係る療養の給付又は入院時食事療養費、入院時生活療養費、保険外併用療養費、療養費、訪問看護療養費、移送費、家族療養費、家族訪問看護療養費若しくは家族移送費の支給は、同一の疾病又は負傷について、他の法令の規定により国又は地方公共団体の負担で療養又は療養費の支給を受けたときは、その限度において、行わない。

問題 254　令0206C　□□□□□□□

保険者が、健康保険において第三者の行為によって生じた事故について保険給付をしたとき、その給付の価額の限度において被保険者が第三者に対して有する損害賠償請求の権利を取得するのは、健康保険法の規定に基づく法律上当然の取得であり、その取得の効力は法律に基づき第三者に対し直接何らの手続きを経ることなく及ぶものであって、保険者が保険給付をしたときにはその給付の価額の限度において当該損害賠償請求権は当然に保険者に移転するものである。

問題 255　平2608D　□□□□□□□　☆

保険者は、給付事由が被保険者に対する第三者の行為によって生じた場合に保険給付を行ったときは、その給付の価額の限度において、被保険者が第三者に対して有する損害賠償の請求権を取得する。この際、自動車損害賠償責任保険において、被保険者の重過失減額が行われた場合は、過失により減額された割合で減額した額を求償することができる。

問題 256　平2606B　□□□□□□□

被保険者等が第三者に対して有する損害賠償請求権を保険者が代位取得した場合は、健康保険法第180条に規定する保険料その他同法の規定による徴収金の督促及び滞納処分については適用がない。

解答 253 ○　法55条／P188　社労士24P89▼

記述の通り正しい。

解答 254 ○　法57条、S31.11.7保文発9218／P189　社労士24P89▼

なお、保険者が損害賠償請求権を代位取得するためには、保険給付を受ける権利を有する者が、第三者に対して損害賠償請求権を有していなければならない。すなわち、損害賠償請求権が発生し、かつ、その請求権がいまだ消滅していないことが必要である。

解答 255 ○　S49.1.28保発10・庁保険発1／P190　社労士24P－▼

記述の通り正しい。

解答 256 ○　S3.4.19保発290／P190　社労士24P－▼

記述の通り正しい。

保険給付　第5章　144

問題 257 平2106 E ☐☐☐☐☐☐☐

自動車事故にあった被保険者に対して傷病手当金の支給をする前に、加害者が当該被保険者に対して負傷による休業に対する賠償をした場合、保険者はその損害賠償の価額の限度内で、傷病手当金の支給を行う責めを免れる。

問題 258 平2504 E ☐☐☐☐☐☐☐

偽りその他不正行為によって保険給付を受けた者があるときは、保険者はその者からその給付の価額の全部又は一部を徴収することができるが、その場合の「全部又は一部」とは、偽りその他不正行為によって受けた分が保険給付の一部であることが考えられるので、全部又は一部とされたものであって、偽りその他不正行為によって受けた分はすべて徴収することができるという趣旨である。

問題 259 平2907 E ☐☐☐☐☐☐☐

保険者は、偽りその他不正の行為によって保険給付を受けた者があるときは、その者からその給付の価額の全部又は一部を徴収することができるが、事業主が虚偽の報告若しくは証明をし、その保険給付が行われたものであるときであっても、保険者が徴収金を納付すべきことを命ずることができるのは、保険給付を受けた者に対してのみである。

問題 260 令0303 A ☐☐☐☐☐☐☐

保険者は、保険給付を行うにつき必要があると認めるときは、医師、歯科医師、薬剤師若しくは手当を行った者又はこれを使用する者に対し、その行った診療、薬剤の支給又は手当に関し、報告若しくは診療録、帳簿書類その他の物件の提示を命じ、又は当該職員に質問させることができる。

問題 261 平2407 D ☐☐☐☐☐☐☐

保険給付を受ける権利は、健康保険法上、必要と認める場合には、譲渡や担保に供したり又は差し押さえることができる。

解答 257 ○ 法57条／P190 社労士24 P89▼

　給付事由が第三者の行為によって生じた場合において、保険給付を受ける権利を有する者が第三者から同一の事由について損害賠償を受けたときは、保険者は、その価額の限度において、保険給付を行う責めを免れる。

解答 258 ○ S32.9.2保険発123／P191 社労士24 P −▼

　記述の通り正しい。

解答 259 × 法58条／P191 社労士24 P90▼

　本肢の場合、保険者は事業主に対し、保険給付を受けた者と連帯して徴収金を納付すべきことを命ずることができる。

解答 260 × 法60条／P192 社労士24 P90▼

　「厚生労働大臣」は、保険給付を行うにつき必要があると認めるときは、医師、歯科医師、薬剤師若しくは手当を行った者又はこれを使用する者に対し、その行った診療、薬剤の支給又は手当に関し、報告若しくは診療録、帳簿書類その他の物件の提示を命じ、又は当該職員に質問させることができる。

解答 261 × 法61条／P192 社労士24 P91▼

　保険給付を受ける権利は、「譲り渡し、担保に供し、又は差し押さえることができない」。

保険給付　第5章　146

問題 262　平2408E　□□□□□□□

　租税その他の公課は、保険給付として支給を受けた金品を標準として課することはできないが、傷病手当金は、療養中の期間の所得保障を目的に支給されるため、所得税の課税対象になる。

問題 263　O　　R　　□□□□□□□

　現金で支給される保険給付を受けることができる者が死亡した場合において、その者に支給されるべき当該給付でまだ支給されていないものがあるときは、その者の配偶者（婚姻の届出をしていないが、事実上婚姻関係と同様の事情にあった者を含む。）、子、父母、孫、祖父母又は兄弟姉妹であって、その者の死亡の当時その者と生計を同じくしていたものが、自己の名で、その未支給の保険給付の支給を請求することができるとされている。

第18節　保健事業及び福祉事業

問題 264　平2804E　□□□□□□□

　健康保険法第150条第1項では、保険者は、高齢者医療確保法の規定による特定健康診査及び特定保健指導を行うように努めなければならないと規定されている。

147　第5章　保険給付

解答 262 × 法62条／P193 社労士24P91▼

租税その他の公課は、保険給付として支給を受けた金品を標準として、課することができない。

解答 263 × S2.2.18保理719／P193 社労士24P91▼

傷病手当金、療養費、出産育児一時金、出産手当金、移送費など現金で支給される保険給付で、受給権者が死亡したときにまだ受け取っていないものについては、「民法上の相続人」が請求して受け取ることができる。

第18節　保健事業及び福祉事業

解答 264 × 法150条／P194 社労士24P91▼

保険者は、高齢者医療確保法による特定健康診査及び特定保健指導を「行うものとする」。なお、保険者は、高齢者医療確保法の規定による特定健康診査及び特定保健指導（特定健康診査等）を行うものとするほか、特定健康診査等「以外」の事業であって、健康教育、健康相談及び健康診査並びに健康管理及び疾病の予防に係る被保険者及びその被扶養者（「被保険者等」という。）の自助努力についての支援その他の被保険者等の健康の保持増進のために必要な事業を行うように「努めなければならない」。

保険給付　第5章　148

問題 265 令0406C □□□□□□□□

　保険者は、特定健康診査等以外の事業であって、健康教育、健康相談及び健康診査並びに健康管理及び疾病の予防に係る被保険者及びその被扶養者（以下「被保険者等」という。）の健康の保持増進のために必要な事業を行うに当たって必要があると認めるときは、労働安全衛生法その他の法令に基づき保存している被保険者等に係る健康診断に関する記録の写しの提供を求められた事業者等（労働安全衛生法第2条第3号に規定する事業者その他の法令に基づき健康診断（特定健康診査に相当する項目を実施するものに限る。）を実施する責務を有する者その他厚生労働省令で定める者をいう。）は、厚生労働省令で定めるところにより、当該記録の写しを提供しなければならない。

問題 266 O　　R □□□□□□□□

　全国健康保険協会の被保険者で、出産育児一時金等の支給を受ける見込みがあり、かつ、その被扶養者である配偶者が妊娠4か月以上で、医療機関等に一時的な支払いが必要になった場合、被保険者は出産育児一時金等支給額の6割に相当する額を限度として出産費の貸付を受けることができる。

問題 267 令0207C □□□□□□□□☆

　保険者は、保健事業及び福祉事業に支障がない場合に限り、被保険者等でない者にこれらの事業を利用させることができる。この場合において、保険者は、これらの事業の利用者に対し、利用料を請求することができる。利用料に関する事項は、全国健康保険協会にあっては定款で、健康保険組合にあっては規約で定めなければならない。

149　第5章　保険給付

解答 265 ○　法150条／P194・195　社労士24P－▼

記述の通り正しい。

解答 266 ×　法150条、貸付金貸付規程／P195　社労士24P－▼

保健事業及び福祉事業の種類（協会管掌健康保険）については、下記となっている。
　ア　高額医療費貸付事業（貸付額は、高額療養費支給見込額の8割に相当する額とされる。）
　イ　出産費貸付事業（貸付額は10,000円を単位とし、出産育児一時金等支給額の「8割」に相当する額を限度とする。）
　ウ　その他

解答 267 ○　法150条、則154条／P195　社労士24P91▼

記述の通り正しい。

保険給付　第5章　150

第1節　任意継続被保険者

問題 268 O　R　□□□□□□□

　任意継続被保険者になるには、①適用事業所に使用されなくなったため、又は適用除外に該当するに至ったため被保険者の資格を喪失した者であること、②喪失の日の前日まで通算して2か月以上被保険者であったこと、③被保険者の資格を喪失した日から2週間以内に保険者に申し出なければならないこと、④船員保険の被保険者又は後期高齢者医療の被保険者等でない者であること、以上の要件を満たさなければならない。

問題 269　令0402 D　□□□□□□□

　任意継続被保険者となるためには、被保険者の資格喪失の日の前日まで継続して2か月以上被保険者（日雇特例被保険者、任意継続被保険者、特例退職被保険者又は共済組合の組合員である被保険者を除く。）でなければならず、任意継続被保険者に関する保険料は、任意継続被保険者となった月から算定する。

第1節　任意継続被保険者

解答 268　×　法3条、37条／P198　社労士24 P93▼

　任意継続被保険者になるには、①適用事業所に使用されなくなったため、又は適用除外に該当するに至ったため被保険者の資格を喪失した者であること、②喪失の日の前日まで「継続して」2か月以上被保険者であったこと、③被保険者の資格を喪失した日から「20日」以内に保険者に申し出なければならないこと、④船員保険の被保険者又は後期高齢者医療の被保険者等でない者であること、以上の要件を満たさなければならない。

解答 269　○　法3条、156条／P198・67　社労士24 P93・29▼

　記述の通り正しい。

任意継続被保険者　第6章　152

問題 270　令0205　□□□□□□□

　健康保険法に関する次のアからオの記述のうち、正しいものの組合せは、後記AからEまでのうちどれか。

　ア　被扶養者の要件として、被保険者と同一の世帯に属する者とは、被保険者と住居及び家計を共同にする者をいい、同一の戸籍内にあることは必ずしも必要ではないが、被保険者が世帯主でなければならない。

　イ　任意継続被保険者の申出は、被保険者の資格を喪失した日から20日以内にしなければならず、保険者は、いかなる理由がある場合においても、この期間を経過した後の申出は受理することができない。

　ウ　季節的業務に使用される者について、当初4か月以内の期間において使用される予定であったが業務の都合その他の事情により、継続して4か月を超えて使用された場合には使用された当初から一般の被保険者となる。

　エ　実際には労務を提供せず労務の対償として報酬の支払いを受けていないにもかかわらず、偽って被保険者の資格を取得した者が、保険給付を受けたときには、その資格を取り消し、それまで受けた保険給付に要した費用を返還させることとされている。

　オ　事業主は、被保険者に支払う報酬がないため保険料を控除できない場合でも、被保険者の負担する保険料について納付する義務を負う。

　　　A　（アとイ）
　　　B　（アとウ）
　　　C　（イとエ）
　　　D　（ウとオ）
　　　E　（エとオ）

解答 270　E　（エとオ）

ア　×　S27.6.23保文発3533／P28　社労士24P11▼

　　同一の世帯に属するとは被保険者と住居及び家計を共同にすることをいい、同一戸籍内にあることは必ずしも必要とせず、また「被保険者が必ずしも世帯主であることを必要としない」。

イ　×　法37条／P198　社労士24P93▼

　　保険者が「正当な理由があると認める」ときは、この期間を経過した後の申出であっても、受理することができる。

ウ　×　法3条／P17　社労士24P8▼

　　季節的業務に「当初から継続して4か月を超える」予定で使用される場合は「当初から」被保険者となるが、本肢の場合は、被保険者とはならない。

エ　○　S26.12.3保文発5255／P－　社労士24P－▼

　　記述の通り正しい。

オ　○　S2.2.18保理696／P77　社労士24P33▼

　　記述の通り正しい。

任意継続被保険者　第6章　154

問題 271 平2501B　□□□□□□□

　任意継続被保険者の資格取得の申出は、被保険者の資格を喪失した日から20日以内にしなければならないが、保険者は、正当な理由があると認めるときは、この期間を経過した後の申出であっても受理することができる。なお、判例によると「法律の不知」によるという主張は、この場合の正当な理由にあたらないものと解されている。

問題 272 O　R　□□□□□□□

　健康保険組合の組合員である被保険者がその資格を喪失した後に任意継続被保険者となる場合は、協会管掌健康保険の任意継続被保険者となる。

問題 273 平3010E　□□□□□□□

　任意継続被保険者が75歳に達し、後期高齢者医療の被保険者になる要件を満たしたとしても、任意継続被保険者となった日から起算して2年を経過していない場合は、任意継続被保険者の資格が継続するため、後期高齢者医療の被保険者になることはできない。

問題 274 O　R　□□□□□□□

　任意継続被保険者は、任意継続被保険者でなくなることを希望する旨を、保険者に申し出た場合であっても、その資格を喪失することはない。

問題 275 令0305E　□□□□□□□

　任意継続被保険者の申出をした者が、初めて納付すべき保険料をその納付期日までに納付しなかったときは、いかなる理由があろうとも、その者は、任意継続被保険者とならなかったものとみなされる。

155　第6章　任意継続被保険者

解答 271 ○ 法37条、最判S36.2.24／P199 社労士24 P93▼

記述の通り正しい。

解答 272 × 法17条／P199 社労士24 P93▼

組合管掌健康保険の被保険者であった者が任意継続被保険者となる場合には、その組合管掌健康保険の任意継続被保険者となる。

解答 273 × 法38条／P200 社労士24 P94▼

本肢の場合、後期高齢者医療の被保険者の資格を取得し、その日に任意継続被保険者の資格を喪失するものとされている。

解答 274 × 法38条／P200 社労士24 P94▼

本肢の場合、任意継続被保険者の資格を喪失する。なお、資格喪失の時期は「申出が受理された日の属する月の末日が到来するに至った日の翌日」となる。

解答 275 × 法37条／P200 社労士24 P94▼

任意継続被保険者の申出をした者が、初めて納付すべき保険料をその納付期日までに納付しなかったときは、その者は、任意継続被保険者とならなかったものとみなす。ただし、「その納付の遅延について正当な理由があると保険者が認めたとき」は、この限りでない。

任意継続被保険者 第6章 156

問題 276 令0505D 🈟 □□□□□□□

　任意継続被保険者が任意の資格喪失の申出をしたが、申出のあった日が保険料納付期日の10日より前であり、当該月の保険料をまだ納付していなかった場合、健康保険法第38条第3号の規定に基づき、当該月の保険料の納付期日の翌日から資格を喪失する。

問題 277 O　R □□□□□□□

　任意継続被保険者の標準報酬月額は、当該任意継続被保険者が被保険者の資格を喪失したときの標準報酬月額、又は前年の3月31日における当該任意継続被保険者の属する保険者が管掌する全被保険者の同月の標準報酬月額を平均した額（健康保険組合が当該平均した額の範囲内においてその規約で定めた額があるときは、当該規約で定めた額）のうち、いずれか多い額とする。

問題 278 平3006C □□□□□□□

　任意継続被保険者が保険料を前納する場合、4月から9月まで若しくは10月から翌年3月までの6か月間のみを単位として行わなければならない。

157　第6章　任意継続被保険者

解答 276 ○　R3.12.27事務連絡／P200　社労士24 P94▼

記述の通り正しい。

解答 277 ×　法47条／P201　社労士24 P94▼

任意継続被保険者の標準報酬月額については、原則として当該任意継続被保険者が被保険者の資格を喪失したときの標準報酬月額若しくは前年（1月から3月までの標準報酬月額については、前々年）の「9月30日」における当該任意継続被保険者の属する保険者が管掌する全被保険者の同月の標準報酬月額を平均した額（健康保険組合が当該平均した額の範囲内においてその規約で定めた額があるときは、当該規約で定めた額）を標準報酬月額の基礎となる報酬月額とみなしたときの標準報酬月額のうちいずれか「少ない額」とされる。

解答 278 ×　令48条／P203　社労士24 P95▼

任意継続被保険者に係る保険料の前納期間については、下記の通りである。

① 4月から9月まで又は10月から翌年3月までの6か月間を単位とした期間
② 4月から翌年3月までの12か月間を単位とした期間
③ 上記①・②に掲げる6か月又は12か月の間において、任意継続被保険者の資格を取得した者又はその資格を喪失することが明らかである者については、当該6か月間又は12か月間のうち、その資格を取得した日の属する月の翌月以降の期間又はその資格を喪失する日の属する月の前月までの期間

任意継続被保険者　第6章　158

問題 279　令0207 E　□□□□□□□

　任意継続被保険者は、将来の一定期間の保険料を前納することができる。この場合において前納すべき額は、前納に係る期間の各月の保険料の額の合計額である。

解答 279　×　法165条、令49条／Ｐ203　社労士24Ｐ95▼

　　任意継続被保険者の前納に係る保険料額は、前納に係る期間の各月の保険料の合計額から「政令で定める額を控除した額」とされる。

任意継続被保険者　第6章　160

問題 280　令0503　🆕　☐☐☐☐☐☐☐

健康保険法に関する次のアからオの記述のうち、正しいものはいくつある
か。

ア　産前産後休業終了時改定の規定によって改定された標準報酬月額は、
産前産後休業終了日の翌日から起算して2か月を経過した日の属する月
の翌月からその年の8月までの各月の標準報酬月額とされる。当該翌月
が7月から12月までのいずれかの月である場合は、翌年8月までの各月
の標準報酬月額とする。なお、当該期間中に、随時改定、育児休業等を
終了した際の標準報酬月額の改定又は産前産後休業を終了した際の標準
報酬月額の改定を受けないものとする。

イ　保険者は、保険医療機関又は保険薬局から療養の給付に関する費用の
請求があったときは、その費用の請求に関する審査及び支払に関する事
務を社会保険診療報酬支払基金又は健康保険組合連合会に委託すること
ができる。

ウ　任意継続被保険者は、将来の一定期間の保険料を前納することができ
るが、前納された保険料については、前納に係る期間の各月の初日が到
来したときに、それぞれその月の保険料が納付されたものとみなす。

エ　71歳で市町村民税非課税者である被保険者甲が、同一の月にA病院で
受けた外来療養による一部負担金の額が8,000円を超える場合、その超
える額が高額療養費として支給される。

オ　療養の給付又は入院時食事療養費、入院時生活療養費、保険外併用療
養費、療養費、訪問看護療養費、家族療養費若しくは家族訪問看護療養
費の支給を受けた被保険者又は被保険者であった者（日雇特例被保険者
又は日雇特例被保険者であった者を含む。）が、厚生労働大臣に報告を
命ぜられ、正当な理由がなくてこれに従わず、又は行政庁職員の質問に
対して、正当な理由がなくて答弁せず、若しくは虚偽の答弁をしたとき
は、30万円以下の罰金に処せられる。

161　第6章　任意継続被保険者

A 一つ
B 二つ
C 三つ
D 四つ
E 五つ

任意継続被保険者 第6章 162

解答 280　D　四つ

ア　○　法43条の3／P51　社労士24P20▼

記述の通り正しい。

イ　×　法76条／P112　社労士24P47▼

保険者は、療養の給付に関する費用の審査・支払に関する事務を社会
保険診療報酬支払基金又は「国民健康保険団体連合会」に委託すること
ができる。

ウ　○　法165条／P203　社労士24P95▼

なお、任意継続被保険者が、将来の一定期間の保険料を前納しようと
するときは、前納しようとする額を前納に係る期間の初月の前月末日ま
でに払い込まなければならない。

エ　○　令42条／P166　社労士24P76▼

記述の通り正しい。

オ　○　法60条、210条／P192・277　社労士24P－▼

記述の通り正しい。

163　第6章　任意継続被保険者

任意継続被保険者　第6章　164

問題 281　令0106 E　　□□□□□□□　☆

　　任意継続被保険者は、保険料が前納された後、前納に係る期間の経過前において任意継続被保険者に係る保険料の額の引上げが行われることとなった場合においては、当該保険料の額の引上げが行われることとなった後の期間に係る保険料に不足する額を、前納された保険料のうち当該保険料の額の引上げが行われることとなった後の期間に係るものが健康保険法施行令第50条の規定により当該期間の各月につき納付すべきこととなる保険料に順次充当されてもなお保険料に不足が生じる場合は、当該不足の生じる月の初日までに払い込まなければならない。

問題 282　平2302 C　　□□□□□□□

　　継続して１年以上被保険者（任意継続被保険者、特例退職被保険者及び共済組合の組合員である被保険者を除く。）であった者であって、被保険者の資格を喪失した際に傷病手当金の支給を受けている者は、被保険者として受けることができるはずであった期間、継続して同一の保険者から傷病手当金を受けることができる。ただし、資格喪失後に任意継続被保険者になった場合は、その傷病手当金を受けることはできない。

第２節　特例退職被保険者

問題 283　令0202 C　　□□□□□□□　☆

　　特定健康保険組合とは、特例退職被保険者及びその被扶養者に係る健康保険事業の実施が将来にわたり当該健康保険組合の事業の運営に支障を及ぼさないこと等の一定の要件を満たしており、その旨を厚生労働大臣に届け出た健康保険組合をいい、特定健康保険組合となるためには、厚生労働大臣の認可を受ける必要はない。

165　第6章　任意継続被保険者

解答 281 × 則139条／P204 社労士24P－▼

本肢の保険料については、不足を生ずる月の「10日」までに払い込まなければならない。

解答 282 × 法104条／P204 社労士24P96▼

適用事業所に使用される被保険者が、資格喪失後に傷病手当金の継続給付の支給要件に該当する場合は、資格喪失後任意継続被保険者となったとしても、「傷病手当金の継続給付が支給される」。なお、資格喪失後特例退職被保険者となった場合は、傷病手当金の継続給付は支給されない。

第2節 特例退職被保険者

解答 283 × 法附則3条／P205 社労士24P97▼

特定健康保険組合とは、厚生労働省令で定める要件に該当するものとして厚生労働大臣の「認可」を受けた健康保険組合をいう。

任意継続被保険者 第6章 166

問題 284　平2402 A　□□□□□□□

　特例退職被保険者は、保険料（初めて納付すべき保険料を除く。）を納付期限までに納付しなかったとき（納付の遅延について正当な理由があると保険者が認めたときを除く。）は、その日の翌日に特例退職被保険者の資格を喪失するが、後期高齢者医療制度の被保険者になったときは、その日に被保険者資格を喪失する。

問題 285　令0502 E　🆕　□□□□□□□

　特例退職被保険者が、特例退職被保険者でなくなることを希望する旨を、厚生労働省令で定めるところにより、特定健康保険組合に申し出た場合において、その申出が受理された日の属する月の末日が到来したときは、その日の翌日からその資格を喪失する。

問題 286　O　　R　□□□□□□□

　特例退職被保険者の標準報酬月額は、特定健康保険組合の前年の９月30日における特例退職被保険者を除く全被保険者の同月の標準報酬月額を平均した額と前年の全被保険者の標準賞与額を平均した額の12分の１に相当する額との合算額の２分の１に相当する額の範囲内で規約により定めた額である。

問題 287　令0206 A　□□□□□□□

　被保険者の資格を喪失した日の前日まで引き続き１年以上被保険者（任意継続被保険者、特例退職被保険者又は共済組合の組合員である被保険者を除く。）であった者であって、その資格を喪失した際に傷病手当金の支給を受けている者が、その資格を喪失後に特例退職被保険者の資格を取得した場合、被保険者として受けることができるはずであった期間、継続して同一の保険者からその給付を受けることができる。

167　第6章　任意継続被保険者

解答 284 ○　法附則3条／P206　社労士24 P98▼

　記述の通り正しい。

解答 285 ○　法附則3条／P206　社労士24 P98▼

　記述の通り正しい。

解答 286 ×　法附則3条／P207　社労士24 P98▼

　特例退職被保険者の標準報酬月額については、特定健康保険組合が管掌する前年（1月から3月までの標準報酬月額については前々年）の9月30日における特例退職被保険者以外の全被保険者の同月の標準報酬月額を平均した額の範囲内においてその規約で定めた額を標準報酬月額の基礎となる報酬月額とみなしたときの標準報酬月額となる。

解答 287 ×　法附則3条／P208　社労士24 P99▼

　特例退職被保険者には傷病手当金の継続給付は支給されない。

任意継続被保険者　第6章　168

第1節 総 則

問題 288 O R □□□□□□□☆

日雇労働者は、日雇特例被保険者となったときは、日雇特例被保険者となった日から10日以内に、厚生労働大臣に日雇特例被保険者手帳の交付を申請しなければならないが、既に日雇特例被保険者手帳の交付を受け、その日雇特例被保険者手帳に健康保険印紙をはり付けるべき余白があるときは、この限りではない。

問題 289 平2110A □□□□□□□

日雇特例被保険者の保険の保険者は、全国健康保険協会及び健康保険組合である。

問題 290 令0106C □□□□□□□

日雇特例被保険者の保険の保険者の業務のうち、日雇特例被保険者手帳の交付、日雇特例被保険者に係る保険料の徴収及び日雇拠出金の徴収並びにこれらに附帯する業務は、全国健康保険協会が行う。

問題 291 平2901E □□□□□□□

全国健康保険協会は、市町村（特別区を含む。）に対し、政令で定めるところにより、日雇特例被保険者の保険に係る保険者の事務のうち全国健康保険協会が行うものの一部を委託することができる。

169 第7章 日雇特例被保険者

第1節　総　則

解答 288　×　法126条／P212　社労士24 P100▼

　　日雇特例被保険者手帳の交付申請期限は、日雇特例被保険者となった日から起算して「5日以内」である。なお、後段の記述は正しい。

解答 289　×　法123条／P213　社労士24 P101▼

　　日雇特例被保険者の保険の保険者は、「全国健康保険協会のみ」である。

解答 290　×　法123条／P213　社労士24 P101▼

　　本肢の業務は「厚生労働大臣」が行う。

解答 291　○　法203条／P213　社労士24 P101▼

　　記述の通り正しい。

日雇特例被保険者　第7章　170

第3節　保険料その他

問題 292　平2203C　☐☐☐☐☐☐☐

　介護保険第2号被保険者でない日雇特例被保険者の保険料額は、その者の標準賃金日額に全国健康保険協会の被保険者の一般保険料率と介護保険料率とを合算した率を乗じて得た額である。

問題 293　O　　R　☐☐☐☐☐☐☐

　事業主は、日雇特例被保険者に賃金の支払をする日ごとに、その被保険者及び自己の負担すべきその日の標準賃金日額に係る保険料を納付する義務を負う。

問題 294　令0410E　☐☐☐☐☐☐☐

　日雇特例被保険者が、同日において、午前にA健康保険組合管掌健康保険の適用事業所で働き、午後に全国健康保険協会管掌健康保険の適用事業所で働いた。この場合の保険料の納付は、各適用事業所から受ける賃金額により、標準賃金日額を決定し、日雇特例被保険者が提出する日雇特例被保険者手帳に適用事業所ごとに健康保険印紙を貼り、これに消印して行われる。

問題 295　O　　R　☐☐☐☐☐☐☐

　事業主が、正当な理由がないと認められるにもかかわらず、日雇特例被保険者の標準賃金日額に係る保険料の納付を怠ったときは、厚生労働大臣が決定した保険料額が1,000円未満であるときを除き、厚生労働大臣は保険料額（その額に1,000円未満の端数があるときは、その端数は切り捨てる。）の100分の10に相当する額の追徴金を徴収する。

171　第7章　日雇特例被保険者

第3節　保険料その他

解答 292　×　法168条／P216　社労士24 P102▼

　　介護保険第2号被保険者でない日雇特例被保険者に関する保険料額は、1日につき、標準賃金日額に「平均保険料率」を乗じて得た額と当該額に100分の31を乗じて得た額の合算額及び賞与額に「平均保険料率」を乗じて得た額の合算額とされる。また、介護保険料率を合算することもない。

解答 293　×　法169条／P217　社労士24 P102▼

　　事業主に標準賃金日額に係る保険料納付義務が生じるのは、「日雇特例被保険者を使用する日ごと」である。

解答 294　×　法169条／P217　社労士24 P102▼

　　日雇特例被保険者が1日において二以上の事業所に使用される場合においては、「初めにその者を使用する事業主」は、日雇特例被保険者を使用する日ごとに、その者及び自己の負担すべきその日の標準賃金日額に係る保険料を納付する義務を負う。

解答 295　×　法170条／P219　社労士24 P102▼

　　事業主が、正当な理由がないと認められるにもかかわらず、日雇特例被保険者の標準賃金日額に係る保険料の納付を怠ったときは、厚生労働大臣が決定した保険料額が1,000円未満であるときを除き、厚生労働大臣は保険料額（その額に1,000円未満の端数があるときは、その端数は切り捨てる。）の「100分の25」に相当する額の追徴金を徴収する。

日雇特例被保険者　第7章　172

第4節　保険給付

問題 296　令0502 D　(新) ☐☐☐☐☐☐☐

　　日雇特例被保険者の被扶養者が出産したときは、日雇特例被保険者に対し、家族出産育児一時金が支給されるが、日雇特例被保険者が家族出産育児一時金の支給を受けるには、出産の日の属する月の前2か月間に通算して26日分以上又は当該月の前6か月間に通算して78日分以上の保険料が、その日雇特例被保険者について、納付されていなければならない。

問題 297　O　R ☐☐☐☐☐☐☐ ☆

　　日雇特例被保険者の療養の給付期間は、同一の疾病又は負傷に対し療養の給付等開始日から6か月間（ただし、結核性疾病の場合は3年間）である。

問題 298　平2309 C ☐☐☐☐☐☐☐

　　日雇特例被保険者に対する傷病手当金の支給に当たっては、労務不能となった際にその原因となった傷病について療養の給付を受けていることで足り、労務不能期間のすべてにおいて当該傷病につき療養の給付を受けていることを要しない。

問題 299　令0406 B ☐☐☐☐☐☐☐

　　日雇特例被保険者に係る傷病手当金の支給期間は、同一の疾病又は負傷及びこれにより発した疾病に関しては、その支給を始めた日から起算して6か月（厚生労働大臣が指定する疾病に関しては、1年6か月）を超えないものとする。

173　第7章　日雇特例被保険者

第4節　保険給付

解答 296　○　法144条／P220　社労士24 P104▼

　なお、「日雇特例被保険者が出産」した場合において、その出産の日の属する月の前4か月間に通算して26日分以上の保険料がその者について納付されているときは、出産育児一時金を支給する。

解答 297　×　法129条／P222　社労士24 P104▼

　日雇特例被保険者の療養の給付期間は、同一の疾病又は負傷に対し療養の給付等開始日から「1年間」（ただし、結核性疾病の場合は「5年間」）である。

解答 298　○　法135条、H15.2.25保発0225001・庁保発1
　　　　　　　／P222　社労士24 P104▼

　記述の通り正しい。

解答 299　○　法135条／P224　社労士24 P105▼

　記述の通り正しい。

日雇特例被保険者　第7章　174

問題 300　O　R　　　□□□□□□□

　初めて日雇特例被保険者手帳の交付を受けた者に対する特別療養費の支給期間は、日雇特例被保険者手帳の交付を受けた日の属する月の初日から起算して5か月間（月の初日に日雇特例被保険者手帳の交付を受けた者については3か月間）である。

解答 300 × 法145条／P226 社労士24P105▼

　初めて日雇特例被保険者手帳の交付を受けた者に対する特別療養費の支給期間は、日雇特例被保険者手帳の交付を受けた日の属する月の初日から起算して「3か月間」（月の初日に日雇特例被保険者手帳の交付を受けた者については「2か月間」）である。

日雇特例被保険者　第7章　176

第1節　全国健康保険協会

問題 301　平2201C　□□□□□□□

政府又は地方公共団体の職員（非常勤の者を除く。）は、全国健康保険協会の役員となることはできない。ただし、厚生労働大臣の承認を受けたときは、この限りではない。

問題 302　O　R　□□□□□□□

協会の理事長、理事及び監事の任期は5年、協会の運営委員会の委員の任期は3年とされている。

問題 303　平2901A　□□□□□□□

全国健康保険協会の常勤役員は、厚生労働大臣の承認を受けたときを除き、営利を目的とする団体の役員となり、又は自ら営利事業に従事してはならない。

問題 304　令0101A　□□□□□□□

全国健康保険協会（以下本問において「協会」という。）と協会の理事長又は理事との利益が相反する事項については、これらの者は代表権を有しない。この場合には、協会の監事が協会を代表することとされている。

問題 305　平2102B　□□□□□□□　☆

全国健康保険協会の理事長、理事及び監事は、厚生労働大臣が任命し、当該協会の職員は理事長が任命する。

問題 306　平2601D　□□□□□□□

全国健康保険協会は、都道府県ごとの実情に応じた業務の適正な運営に資するため、支部ごとに運営委員会を設け、当該支部における業務の実施について運営委員会の意見を聴くものとする。

177　第8章　全国健康保険協会・健康保険組合

第1節　全国健康保険協会

解答 301　×　法7条の13／P231　社労士24 P107▼

本肢のただし書きの規定は、存在しない。

解答 302　×　法7条の12、7条の18／P231・232　社労士24 P −▼

協会の理事長、理事及び監事の任期は「3年」、協会の運営委員会の委員の任期は「2年」とされている。

解答 303　○　法7条の15／P231　社労士24 P −▼

役員（非常勤の者を除く。）は、営利を目的とする団体の役員となり、又は自ら営利事業に従事してはならない。ただし、厚生労働大臣の承認を受けたときは、この限りでない。

解答 304　○　法7条の16／P231　社労士24 P107▼

記述の通り正しい。

解答 305　×　法7条の11／P232　社労士24 P107▼

協会の「理事長及び監事」は厚生労働大臣が任命し、協会の「理事及び職員」は「理事長」が任命する。

解答 306　×　法7条の21／P232　社労士24 P107▼

全国健康保険協会は、都道府県ごとの実情に応じた業務の適正な運営に資するため、支部ごとに「評議会」を設け、当該支部における業務の実施について、「評議会」の意見を聴くものとする。

全国健康保険協会・健康保険組合　第8章　178

問題 307　平2110 C　□□□□□□□☆

　全国健康保険協会は、毎事業年度、事業計画及び予算を作成し、当該事業年度開始後の５月31日までに、厚生労働大臣に届け出なければならない。

問題 308　O　R　□□□□□□□

　協会は、毎事業年度、財務諸表を作成し、これに当該事業年度の事業報告書及び決算報告書を添え、監事及び厚生労働大臣が選任する会計監査人の意見を付けて、決算完結後３か月以内に厚生労働大臣に提出し、その承認を受けなければならない。

問題 309　平2503 E　□□□□□□□

　厚生労働大臣は、全国健康保険協会の財務及び会計その他全国健康保険協会に関し必要な事項について厚生労働省令を定めようとするときは、あらかじめ全国健康保険協会の運営委員会に協議しなければならない。

問題 310　平2203 E　□□□□□□□

　全国健康保険協会は、その業務に要する費用に充てるため必要な場合において、運営委員会の議を経て短期借入金をすることができる。その場合、理事長はあらかじめ厚生労働大臣に協議をしなければならない。

問題 311　令0207 B　□□□□□□□

　全国健康保険協会の短期借入金は、当該事業年度内に償還しなければならないが、資金の不足のため償還することができないときは、その償還することができない金額に限り、厚生労働大臣の認可を受けて、これを借り換えることができる。この借り換えた短期借入金は、１年以内に償還しなければならない。

解答 307 × 法7条の27 ／ P233 社労士24 P108▼

　協会は、毎事業年度、事業計画及び予算を作成し、当該「事業年度開始前」に、厚生労働大臣の「認可」を受けなければならない。

解答 308 × 法7条の28 ／ P233 社労士24 P108▼

　本肢については、「決算完結後3か月以内」ではなく「決算完結後2か月以内」である。

解答 309 × 法7条の41、7条の42 ／ P234 社労士24 P －▼

　全国健康保険協会の財務及び会計その他協会に関し必要な事項について、厚生労働省令で定めようとする場合には、あらかじめ、「財務大臣」に協議しなければならない。

解答 310 × 法7条の31、7条の42 ／ P234 社労士24 P －▼

　協会は、その業務に要する費用に充てるため必要な場合において、「厚生労働大臣の認可」を受けて、短期借入金をすることができる。「厚生労働大臣」は、この場合には、あらかじめ、「財務大臣」に協議しなければならない。

解答 311 ○ 法7条の31 ／ P234 社労士24 P108▼

　記述の通り正しい。

全国健康保険協会・健康保険組合　第8章　180

問題 312 O   R   □□□□□□□

　全国健康保険協会は、毎事業年度において、当該事業年度及びその直前の２事業年度内において行った保険給付に要した費用の一定額の１事業年度当たりの平均額の３分の１に相当する額までは、当該事業年度の剰余金の額を準備金として積み立てなければならない。

問題 313　令0302 D   □□□□□□□

　全国健康保険協会は、(1)国債、地方債、政府保証債その他厚生労働大臣の指定する有価証券の取得、(2)銀行その他厚生労働大臣の指定する金融機関への預金、のいずれかの方法により、業務上の余裕金を運用することが認められているが、上記の２つ以外の方法で運用することは認められていない。

第２節　健康保険組合

問題 314　令0303 C   □□□□□□□

　健康保険組合は、適用事業所の事業主、その適用事業所に使用される被保険者及び特例退職被保険者をもって組織する。

問題 315　令0405 B   □□□□□□□ ☆

　適用事業所の事業主は、健康保険組合を設立しようとするときは、健康保険組合を設立しようとする適用事業所に使用される被保険者の２分の１以上の同意を得て、規約を作り、厚生労働大臣の認可を受けなければならない。また、２以上の適用事業所について健康保険組合を設立しようとする場合においては、被保険者の同意は、各適用事業所について得なければならない。

解答 312　×　令46条／P234　社労士24 P109▼

「3分の1」ではなく「12分の1」である。

解答 313　×　法7条の33、令1条／P235　社労士24 P109▼

本肢のほか、「信託業務を営む金融機関への金銭信託」による運用が認められる。

第2節　健康保険組合 ───────────────

解答 314　×　法8条／P236　社労士24 P110▼

健康保険組合は、適用事業所の事業主、その適用事業所に使用される被保険者及び「任意継続被保険者」をもって組織する。

解答 315　○　法12条／P237　社労士24 P110▼

二以上の事業所についての健康保険組合の設立の同意は、各事業所ごとに被保険者の2分の1以上の同意を得なければならないのであって、被保険者総数の2分の1以上の同意を得れば足りるわけではない。

全国健康保険協会・健康保険組合　第8章　182

問題 316　令0302 B　　□ □ □ □ □ □ □

　健康保険組合がその設立事業所を増加させ、又は減少させようとするときは、その増加又は減少に係る適用事業所の事業主の全部及びその適用事業所に使用される被保険者の２分の１以上の同意を得なければならない。

問題 317　平2307 D　　□ □ □ □ □ □ □

　健康保険組合は組合会議員の定数について、組合会の議決が理事の意向によって影響を受けることのないよう、理事定数の２倍を超える数にするものとし、その上で、組合員の意思が適正に反映されるよう定めることとされている。

問題 318　令0101 C　　□ □ □ □ □ □ □

　健康保険組合の理事の定数は偶数とし、その半数は健康保険組合が設立された適用事業所（以下「設立事業所」という。）の事業主の選定した組合会議員において、他の半数は被保険者である組合員の互選した組合会議員において、それぞれ互選する。理事のうち１人を理事長とし、設立事業所の事業主の選定した組合会議員である理事のうちから、事業主が選定する。

問題 319　令0405 C　　□ □ □ □ □ □ □

　健康保険組合の監事は、組合会において、健康保険組合が設立された適用事業所（設立事業所）の事業主の選定した組合会議員及び被保険者である組合員の互選した組合会議員のうちから、それぞれ１人を選挙で選出する。なお、監事は、健康保険組合の理事又は健康保険組合の職員と兼ねることができない。

183　第8章　全国健康保険協会・健康保険組合

解答 316 ○ 法25条／P239 社労士24 P111▼

　なお、減少に特有の要件として、減少させた後の組合員数が常時700人以上（共同設立の場合3,000人以上）でなければならない。

解答 317 ○ H19.2.1保発0201001／P240 社労士24 P111▼

　記述の通り正しい。

解答 318 × 法21条／P240 社労士24 P111▼

　理事のうち1人を理事長とし、設立事業所の事業主の選定した組合会議員である理事のうちから、「理事が選挙する」。

解答 319 ○ 法21条／P240 社労士24 P111▼

　記述の通り正しい。

問題 320 平3005 □□□□□□□

健康保険法に関する次のアからオの記述のうち、誤っているものの組合せは、後記AからEまでのうちどれか。

ア　健康保険組合は、組合債を起こし、又は起債の方法、利率若しくは償還の方法を変更しようとするときは、厚生労働大臣の認可を受けなければならないが、厚生労働省令で定める軽微な変更をしようとするときは、この限りでない。健康保険組合は、この厚生労働省令で定める軽微な変更をしたときは、遅滞なく、その旨を厚生労働大臣に届け出なければならない。

イ　健康保険組合は、予算超過の支出又は予算外の支出に充てるため、予備費を設けなければならないが、この予備費は、組合会の否決した使途に充てることができない。

ウ　保険料その他健康保険法の規定による徴収金を滞納する者があるときは、原則として、保険者は期限を指定してこれを督促しなければならない。督促をしようとするときは、保険者は納付義務者に対して督促状を発する。督促状により指定する期限は、督促状を発する日から起算して14日以上を経過した日でなければならない。

エ　一般の被保険者に関する毎月の保険料は、翌月末日までに、納付しなければならない。任意継続被保険者に関する毎月の保険料は、その月の10日までに納付しなければならないが、初めて納付すべき保険料については、被保険者が任意継続被保険者の資格取得の申出をした日に納付しなければならない。

オ　健康保険組合は、規約で定めるところにより、事業主の負担すべき一般保険料額又は介護保険料額の負担の割合を増加することができる。

A　（アとイ）
B　（アとウ）
C　（イとオ）
D　（ウとエ）
E　（エとオ）

185　第8章　全国健康保険協会・健康保険組合

解答 320　D　（ウとエ）

ア　○　令22条、則11条／P243　社労士24P112▼
　　記述の通り正しい。

イ　○　令18条／P242　社労士24P－▼
　　記述の通り正しい。

ウ　×　法180条／P86　社労士24P37▼
　　督促状により指定する期限は、督促状を発する日より起算して「10日
　以上」経過した日とされている。

エ　×　法164条／P202　社労士24P95▼
　　任意継続被保険者に関する初めて納付すべき保険料については、「保
　険者が指定する日」までに納付しなければならない。

オ　○　法162条／P77　社労士24P33▼
　　被保険者と事業主は、それぞれ保険料額の2分の1を負担するものと
　されているが、健康保険組合は、規約で定めるところにより、事業主の
　負担すべき一般保険料額又は介護保険料額の負担の割合を増加すること
　ができる。

全国健康保険協会・健康保険組合　第8章　186

問題 321　令0504C　🆕 □□□□□□□

　健康保険組合は、毎事業年度末において、当該事業年度及びその直前の2事業年度内において行った保険給付に要した費用の額（被保険者又はその被扶養者が健康保険法第63条第3項第3号に掲げる健康保険組合が開設した病院若しくは診療所又は薬局から受けた療養に係る保険給付に要した費用の額を除く。）の1事業年度当たりの平均額の12分の3（当分の間12分の2）に相当する額と当該事業年度及びその直前の2事業年度内において行った前期高齢者納付金等、後期高齢者支援金等及び日雇拠出金並びに介護納付金の納付に要した費用の額（前期高齢者交付金がある場合には、これを控除した額）の1事業年度当たりの平均額の12分の2に相当する額とを合算した額に達するまでは、当該事業年度の剰余金の額を準備金として積み立てなければならない。

問題 322　平3007B □□□□□□□

　健康保険組合は、支払上現金に不足を生じたときは、準備金に属する現金を繰替使用し、又は一時借入金をすることができるが、この繰替使用した金額及び一時借入金は、やむを得ない場合であっても、翌会計年度内に返還しなければならない。

問題 323　令0307A □□□□□□□☆

　健康保険組合は、組合債を起こし、又は起債の方法、利率若しくは償還の方法を変更しようとするときは、厚生労働大臣の認可を受けなければならないが、組合債の金額の変更（減少に係る場合に限る。）又は組合債の利息の定率の変更（低減に係る場合に限る。）をしようとするときは、この限りではない。

187　第8章　全国健康保険協会・健康保険組合

解答 321 ✕ 令46条、附則5条／P242・243 社労士24 P113▼

　本肢後段については、当該事業年度及びその直前の2事業年度内において行った前期高齢者納付金等、後期高齢者支援金等及び日雇拠出金並びに介護納付金の納付に要した費用の額（前期高齢者交付金がある場合には、これを控除した額）の1事業年度当たりの平均額の「12分の1」に相当する額である。

解答 322 ✕ 令21条／P243 社労士24 P113▼

　健康保険組合が繰替使用した金額及び一時借入金は、「当該会計年度内」に返還しなければならない。

解答 323 ◯ 令22条、則11条／P243 社労士24 P112▼

　記述の通り正しい。

全国健康保険協会・健康保険組合 第8章 188

問題 324　令0507 B　新　□□□□□□□

　健康保険組合は、毎年度終了後6か月以内に、厚生労働省令で定めるところにより、事業及び決算に関する報告書を作成し、厚生労働大臣に提出しなければならず、当該報告書は健康保険組合の主たる事務所に備え付けて置かなければならない。

問題 325　平3004 A　□□□□□□□

　健康保険事業の収支が均衡しない健康保険組合であって、政令で定める要件に該当するものとして厚生労働大臣より指定を受けた健康保険組合は、財政の健全化に関する計画を作成し、厚生労働大臣の承認を受けたうえで、当該計画に従い、その事業を行わなければならない。この計画に従わない場合は、厚生労働大臣は当該健康保険組合と地域型健康保険組合との合併を命ずることができる。

問題 326　O　R　□□□□□□□

　財政が窮迫状態にあるため、厚生労働大臣の指定を受けた健康保険組合は、指定の日の属する年度の翌年度を初年度とする5か年間の財政の健全化に関する計画を定め、厚生労働大臣の承認を受けなければならない。

問題 327　平2503 A　□□□□□□□

　健康保険組合は、合併しようとするときは、組合会において組合会議員の定数の3分の2以上の多数により議決し、厚生労働大臣の認可を受けなければならない。

189　第8章　全国健康保険協会・健康保険組合

解答 324 　〇　　令24条／P244　　社労士24P －▼

　記述の通り正しい。

解答 325 　×　　法29条／P246　　社労士24P113▼

　指定健康保険組合が健全化計画に従わない場合、厚生労働大臣は、当該指
定健康保険組合の「解散」を命ずることができる。

解答 326 　×　　法28条、令30条／P246　　社労士24P113▼

　財政が窮迫状態にあるため、厚生労働大臣の指定を受けた健康保険組合は、
指定の日の属する年度の翌年度を初年度とする「3か年間」の財政の健全化
に関する計画を定め、厚生労働大臣の承認を受けなければならない。

解答 327 　×　　法23条／P247　　社労士24P113▼

　健康保険組合は、合併しようとするときは、組合会において組合会議員の
定数の「4分の3以上」の多数により議決し、厚生労働大臣の認可を受けな
ければならない。なお、健康保険組合は、分割しようとするときは、組合会
において組合会議員の定数の「4分の3以上」の多数により議決し、厚生労
働大臣の認可を受けなければならない。

全国健康保険協会・健康保険組合　第8章　190

問題 328　平2901 B　　□□□□□□□□

　小規模で財政の窮迫している健康保険組合が合併して設立される地域型健康保険組合は、合併前の健康保険組合の設立事業所が同一都道府県内であれば、企業、業種を超えた合併も認められている。

問題 329　O　　R　　□□□□□□□□

　合併により設立された健康保険組合又は合併後存続する健康保険組合のうち一定の要件に該当する合併に係るものは、当該合併が行われた日の属する年度及びこれに続く３か年度に限り、1,000分の20から1,000分の120までの範囲内において、不均一の一般保険料率を決定することができる。

問題 330　令0201 E　　□□□□□□□□

　地域型健康保険組合は、不均一の一般保険料率に係る厚生労働大臣の認可を受けようとするときは、合併前の健康保険組合を単位として不均一の一般保険料率を設定することとし、当該一般保険料率並びにこれを適用すべき被保険者の要件及び期間について、当該地域型健康保険組合の組合会において組合会議員の定数の３分の２以上の多数により議決しなければならない。

問題 331　平2306 A　　□□□□□□□□

　健康保険組合は、①組合会議員の定数の２分の１以上の組合会の議決、②健康保険組合の事業の継続の不能、③厚生労働大臣による解散の命令、のいずれかの理由により解散する。

解答 328 ○　法附則３条の２／P247　社労士24 P114▼

【地域型健康保険組合】

　合併により設立された健康保険組合又は合併後存続する健康保険組合のうち、以下の要件のいずれにも該当する合併に係るものをいう。

　　ア　合併前の健康保険組合の設立事業所がいずれも同一都道府県の区域にあること

　　イ　当該合併が指定健康保険組合、被保険者の数が700人（共同設立の場合、合算して3,000人）に満たなくなった健康保険組合その他事業運営基盤の安定が必要と認められる健康保険組合として厚生労働省令で定めるもの（令第29条（指定健康保険組合の指定要件）の率が1000分の95を超える健康保険組合）を含むこと

解答 329　×　法附則３条の２／P248　社労士24 P114▼

　合併により設立された健康保険組合又は合併後存続する健康保険組合のうち一定の要件に該当する合併に係るものは、当該合併が行われた日の属する年度及びこれに続く「５か年度」に限り、「1,000分の30から1,000分の130」までの範囲内において、不均一の一般保険料率を決定することができる。

解答 330　○　法附則３条の２、令25条の２／P248　社労士24 P114▼

　記述の通り正しい。

解答 331　×　法26条／P248　社労士24 P114▼

　健康保険組合は、①組合会議員の定数の「４分の３以上」の多数による組合会の議決、②健康保険組合の事業の継続の不能、③厚生労働大臣による解散の命令、のいずれかにより解散する。

問題 332 O　R　□□□□□□□

　健康保険組合が解散により消滅した場合、健康保険組合連合会が消滅した健康保険組合の権利義務を承継する。

第3節　健康保険組合連合会その他

問題 333 O　R　□□□□□□□

　健康保険組合連合会は、全国健康保険協会に対する交付金の交付事業を行っている。

問題 334 平2805 A　□□□□□□□

　保険医又は保険薬剤師の登録及び登録取消に係る厚生労働大臣の権限は、地方厚生局長又は地方厚生支局長に委任されている。

解答 332　×　法26条／P248　社労士24 P114▼

　本肢の場合、「全国健康保険協会」が消滅した健康保険組合の権利義務を承継する。

第3節　健康保険組合連合会その他

解答 333　×　法附則2条／P249　社労士24 P115▼

　健康保険組合連合会によって行われる交付金の交付の事業は「健康保険組合」に対するものであり、全国健康保険協会に対して交付金の交付は行われない。

解答 334　○　法205条／P251　社労士24 P115▼

　記述の通り正しい。

第1節 事業主・被保険者の届出等

問題 335　令0305C　□□□□□□□

　毎年7月1日現に使用する被保険者の標準報酬月額の定時決定の届出は、同月末日までに、健康保険被保険者報酬月額算定基礎届を日本年金機構又は健康保険組合に提出することによって行う。

問題 336　O　　R　□□□□□□□

　事業主は、被保険者が随時改定の要件に該当したときは、当該随時改定の要件に該当した日から10日以内に、健康保険被保険者報酬月額変更届を保険者等に提出することにより、報酬月額を届け出なければならない。

問題 337　令0401E　□□□□□□□

　育児休業等を終了した際の標準報酬月額の改定の要件に該当する被保険者の報酬月額に関する届出は、当該育児休業等を終了した日から5日以内に、当該被保険者が所属する適用事業所の事業主を経由して、所定の事項を記載した届書を日本年金機構又は健康保険組合に提出することによって行う。

問題 338　O　　R　□□□□□□□

　全国健康保険協会管掌健康保険の適用事業所の事業主は、被保険者に賞与を支払った場合は、速やかに、健康保険被保険者賞与支払届を日本年金機構に提出しなければならないとされている。

第1節　事業主・被保険者の届出等

解答 335　×　則25条／P254　社労士24P116▼

　毎年7月1日現に使用する被保険者の標準報酬月額の定時決定の届出は、「同月10日」までに、健康保険被保険者報酬月額算定基礎届を日本年金機構又は健康保険組合に提出することによって行う。

解答 336　×　則26条／P254　社労士24P116▼

　本肢については、「10日以内」ではなく「速やかに」である。

解答 337　×　則26条の2／P254　社労士24P116▼

　本肢については、「5日以内」ではなく「速やかに」である。

解答 338　×　則27条／P254　社労士24P116▼

　全国健康保険協会管掌健康保険の適用事業所の事業主は、被保険者に賞与を支払った場合は、「支払った日から5日以内」に、健康保険被保険者賞与支払届を日本年金機構に提出しなければならないとされている。

問題 339　令0208 A　　□□□□□□□

　健康保険被保険者報酬月額算定基礎届の届出は、事業年度開始の時における資本金の額が1億円を超える法人の事業所の事業主にあっては、電子情報処理組織を使用して行うものとする。ただし、電気通信回線の故障、災害その他の理由により電子情報処理組織を使用することが困難であると認められる場合で、かつ、電子情報処理組織を使用しないで当該届出を行うことができると認められる場合は、この限りでない。

問題 340　O　　R　　□□□□□□□

　被保険者が少年院に収容されたとき、事業主は10日以内に、被保険者の氏名及び生年月日、該当の事由及び該当する年月日等を保険者等に届け出なければならない。

問題 341　平2306 C　　□□□□□□□

　事業主は、法の規定に基づいて事業主がしなければならない事項につき代理人をして処理させようとするときは、実際に代理人が処理をしてから5日以内に、文書でその旨を厚生労働大臣又は健康保険組合に届け出なければならない。

問題 342　平2806 E　　□□□□□□□

　適用事業所の事業主に変更があったときは、変更後の事業主は、①事業所の名称及び所在地、②変更前の事業主及び変更後の事業主の氏名又は名称及び住所、③変更の年月日を記載した届書を厚生労働大臣又は健康保険組合に5日以内に提出しなければならない。

197　第9章　届出・不服申立て・時効その他

解答 339　○　則25条／P254　社労士24P116▼

　　特定法人（資本金の額、出資金の額又は銀行等保有株式取得機構に納付す
る拠出金の額が1億円を超える法人等をいう。）が行う次の手続きについて
は、原則として電子申請を義務とする。ただし、電気通信回線の故障、災害
その他の理由により電子情報処理組織を使用することが困難であると認めら
れる場合で、かつ、電子情報処理組織を使用しないで届出を行うことができ
ると認められる場合は、この限りでない。
　　ア　報酬月額算定基礎届
　　イ　報酬月額変更届（随時改定）
　　ウ　賞与支払届

解答 340　×　則32条／P255　社労士24P116▼

　　本肢については、「10日以内」ではなく「5日以内」である。

解答 341　×　則35条／P256　社労士24P117▼

　　事業主は、法の規定に基づいて事業主がしなければならない事項につき代
理人をして処理させようとするとき、又は代理人を解任したときは、「あら
かじめ」、文書でその旨を厚生労働大臣又は健康保険組合に届け出なければ
ならない。

解答 342　○　則31条／P256　社労士24P117▼

　　記述の通り正しい。

届出・不服申立て・時効その他　第9章　198

問題 343 平2507 B □□□□□□□

　事業主は、埋葬料の支給を受けようとする者から、厚生労働省令の規定による証明書を求められたときには、いかなる理由があろうとも、拒むことができない。

問題 344 平2509 C □□□□□□□

　事業主は、健康保険に関する書類を、その完結の日より3年間、保存しなければならない。

問題 345 Ｏ　　Ｒ □□□□□□□

　被保険者（日雇特例被保険者を除く。）が同時に2以上の事業所に使用される場合において、保険者が2以上あるときは、その被保険者の保険を管掌する保険者を選択しなければならない。その方法は、同時に2以上の事業所に使用されるに至った日から30日以内に、所定の事項を記載した届書を、全国健康保険協会を選択しようとするときは厚生労働大臣に、健康保険組合を選択しようとするときは健康保険組合に提出することによって行うことになっている。

問題 346 平2708 A □□□□□□□

　被保険者が同時に2事業所に使用される場合において、それぞれの適用事業所における保険者が異なる場合は、選択する保険者に対して保険者を選択する届出を提出しなければならないが、当該2事業所の保険者がいずれも全国健康保険協会であれば、日本年金機構の業務が2つの年金事務所に分掌されていても届出は必要ない。

199　第9章　届出・不服申立て・時効その他

解答 343 × 則33条／P258 社労士24P－▼

　事業主は、保険給付を受けようとする者から厚生労働省令の規定による証明書を求められたときは、「正当な理由がなければ拒むことができない」ものとされており、いかなる理由があろうとも拒むことができないわけではない。

解答 344 × 則34条／P258 社労士24P117▼

　事業主は、健康保険に関する書類を、その完結の日より「2年間」保存しなければならない。なお、保険医療機関は、療養の給付の担当に関する帳簿及び書類その他の記録をその完結の日から3年間保存しなければならない。ただし、患者の診療録にあっては、その完結の日から5年間保存しなければならない。

解答 345 × 則2条／P259 社労士24P117▼

　本肢については、同時に2以上の事業所に使用されるに至った日から「10日以内」に、所定の事項を記載した届書を、全国健康保険協会を選択しようとするときは厚生労働大臣に、健康保険組合を選択しようとするときは健康保険組合に提出することによって行うことになっている。

解答 346 × 則1条／P259 社労士24P117▼

　使用される2以上の事業所に係る日本年金機構の業務が2以上の年金事務所に分掌されているときは、被保険者は、その被保険者に関する日本年金機構の業務を分掌する年金事務所を「選択しなければならない」。

届出・不服申立て・時効その他　第9章　200

問題 347　平2902 A　　□□□□□□□□

　被保険者は、被保険者又はその被扶養者が40歳に達したことにより介護保険第2号被保険者に該当するに至ったときは、遅滞なく、所定の事項を記載した届書を事業主を経由して日本年金機構又は健康保険組合に届け出なければならない。

問題 348　令0407 A　　□□□□□□□□

　被保険者は、被保険者又はその被扶養者が65歳に達したことにより、介護保険第2号被保険者（介護保険法第9条第2号に該当する被保険者をいう。）に該当しなくなったときは、遅滞なく、事業所整理記号及び被保険者整理番号等を記載した届書を事業主を経由して厚生労働大臣又は健康保険組合に届け出なければならない。

問題 349　令0506 B　**新**　□□□□□□□□

　療養の給付に係る事由又は入院時食事療養費、入院時生活療養費若しくは保険外併用療養費の支給に係る事由が第三者の行為によって生じたものであるときは、被保険者は、30日以内に、届出に係る事実並びに第三者の氏名及び住所又は居所（氏名又は住所若しくは居所が明らかでないときは、その旨）及び被害の状況を記載した届書を保険者に提出しなければならない。

問題 350　平2906 D　　□□□□□□□□

　50歳である一般の被保険者は、当該被保険者又はその被扶養者が介護保険第2号被保険者に該当しなくなったときは、遅滞なく、所定の事項を記載した届書を事業主を経由して厚生労働大臣又は健康保険組合に届け出なければならないが、事業主の命により被保険者が外国に勤務することとなったため、いずれの市町村又は特別区の区域内にも住所を有しなくなったときは、当該事業主は、被保険者に代わってこの届書を厚生労働大臣又は健康保険組合に届け出ることができる。

201　第9章　届出・不服申立て・時効その他

解答 347 × 則41条／P259 社労士24P117▼

本肢の場合、届出は「不要」である。

解答 348 × 則40条／P259 社労士24P117▼

本肢の場合、届出は「不要」である。

解答 349 × 則65条／P259 社労士24P118▼

本肢については、「30日以内」ではなく「遅滞なく」である。

解答 350 ○ 則40条／P259・260 社労士24P－▼

記述の通り正しい。

問題 351 平3004 C □□□□□□□

　全国健康保険協会管掌健康保険の任意継続被保険者の妻が被扶養者となった場合は、5日以内に、被保険者は所定の事項を記入した被扶養者届を、事業主を経由して全国健康保険協会に提出しなければならない。

問題 352 平2607 E □□□□□□□

　被保険者（任意継続被保険者又は特例退職被保険者を除く。）の資格取得は、保険者等の確認によってその効力を生ずることとなり、事業主が資格取得届を行う前に生じた事故の場合については、遡って資格取得の確認が行われたとしても、保険事故として取り扱われることはない。

問題 353 平2207 E □□□□□□□ ☆

　被保険者が被保険者資格の取得及び喪失について確認したいときは、いつでも保険者等にその確認を請求することができる。保険者等は、その請求があった場合において、その請求に係る事実がないと認めるときは、その請求を却下しなければならない。

問題 354 平3002 C □□□□□□□

　任意適用事業所の適用の取消しによる被保険者の資格の喪失並びに任意継続被保険者及び特例退職被保険者の資格の喪失の要件に該当した場合は、被保険者が保険者等に資格喪失の届書を提出しなければならず、当該資格喪失の効力は、保険者等の確認によって生ずる。

問題 355 令0101 B □□□□□□□

　保険者等は被保険者の資格の取得及び喪失の確認又は標準報酬の決定若しくは改定を行ったときは、当該被保険者に係る適用事業所の事業主にその旨を通知し、この通知を受けた事業主は速やかにこれを被保険者又は被保険者であった者に通知しなければならない。

203　第9章　届出・不服申立て・時効その他

解答 351 × 則38条／P260 社労士24 P118▼

　　任意継続被保険者に係る本肢の届出は、事業主を経由せず直接保険者に対して行われる。

解答 352 × S31.11.29保文10148／P260 社労士24 P118▼

　　事業主が資格取得届を行う前に生じた事故についても、遡って被保険者の資格の取得が確認された場合には、資格の効果が生じ「保険事故として取り扱われる」。

解答 353 ○ 法51条／P261 社労士24 P －▼

　　記述の通り正しい。

解答 354 × 法39条／P261 社労士24 P118▼

　　本肢の場合、保険者等による確認は行われない。

解答 355 ○ 法49条／P261 社労士24 P119▼

　　記述の通り正しい。

届出・不服申立て・時効その他　第9章　204

問題 356　令0402 E　　□ □ □ □ □ □ □

　保険者は、被保険者（任意継続被保険者を除く。）に被保険者証を交付しようとするときは、これを事業主に送付しなければならないとされているが、保険者が支障がないと認めるときは、これを被保険者に送付することができる。

問題 357　令0303 D　　□ □ □ □ □ □ □

　全国健康保険協会（以下本問において「協会」という。）は、全国健康保険協会管掌健康保険の被保険者に対して被保険者証の交付、返付又は再交付が行われるまでの間、必ず被保険者資格証明書を有効期限を定めて交付しなければならない。また、被保険者資格証明書の交付を受けた被保険者に対して被保険者証が交付されたときは、当該被保険者は直ちに被保険者資格証明書を協会に返納しなければならない。

問題 358　平2701 E　　□ □ □ □ □ □ □

　特例退職被保険者が被保険者証を紛失した場合の被保険者証の再交付申請は、一般の被保険者であったときの事業主を経由して行う。ただし、災害その他やむを得ない事情により、当該事業主を経由して行うことが困難であると保険者が認めるときは、事業主を経由することを要しない。

問題 359　令0108 C　　□ □ □ □ □ □ □

　保険者は、毎年一定の期日を定め、被保険者証の検認又は更新をすることができるが、この検認又は更新を行った場合において、その検認又は更新を受けない被保険者証は無効である。

205　第9章　届出・不服申立て・時効その他

解答 356 ○ 則47条／P262 社労士24P119▼

記述の通り正しい。

解答 357 × 則50条の2／P263 社労士24P120▼

「厚生労働大臣」は、協会が管掌する健康保険の被保険者に対し、被保険者証の交付、返付又は再交付が行われるまでの間に「当該被保険者を使用する事業主又は当該被保険者から求めがあった場合において、当該被保険者又はその被扶養者が療養を受ける必要があると認めたときに限り」、被保険者資格証明書を有効期限を定めて交付するものとする。また、被保険者資格証明書の交付を受けた被保険者に対して被保険者証が交付されたときは、当該被保険者は直ちに被保険者資格証明書を事業主を経由して「厚生労働大臣」に返納しなければならない。

解答 358 × 則49条、170条／P264 社労士24P－▼

本肢の取扱いは、任意継続被保険者に係る規定を準用するものとされ、事業主を経由せずに行われる。

解答 359 ○ 則50条／P264 社労士24P－▼

記述の通り正しい。

届出・不服申立て・時効その他 第9章 206

問題 360 令0401C □□□□□□□ ☆

事業主は、被保険者が資格を喪失したときは、遅滞なく被保険者証を回収して、これを保険者に返納しなければならないが、テレワークの普及等に対応した事務手続きの簡素化を図るため、被保険者は、被保険者証を事業主を経由せずに直接保険者に返納することが可能になった。

第2節 不服申立て

問題 361 O R □□□□□□□

被保険者の資格、標準報酬又は保険給付に関する処分に不服がある者は、その処分があったことを知った日の翌日から起算して60日を経過したときは、社会保険審査官に対し審査請求をすることができない。

問題 362 O R □□□□□□□

審査請求をした日から3か月以内に決定がないときは、審査請求人は、社会保険審査官が審査請求を棄却したものとみなすことができる。

問題 363 平2304D □□□□□□□

保険料等の賦課若しくは徴収の処分又は滞納処分に不服がある者は、社会保険審査官に対して審査請求をすることができる。

207 第9章 届出・不服申立て・時効その他

解答 360 × 則51条／P265 社労士24P－▼

被保険者証の返納については、「事業主経由を省略できない」。

第2節 不服申立て

解答 361 × 法189条、社会保険審査官及び社会保険審査会法4条
／P268 社労士24P121▼

審査請求は、審査請求人が原処分のあったことを知った日の翌日から起算して「3か月」を経過したときは、することができない。

解答 362 × 法189条／P268 社労士24P121▼

審査請求をした日から「2か月」以内に決定がないときは、審査請求人は、社会保険審査官が審査請求を棄却したものとみなすことができる。

解答 363 × 法190条／P268 社労士24P121▼

保険料等の賦課若しくは徴収の処分又は滞納処分に不服がある者は、「社会保険審査会」に対して審査請求をすることができる。

問題 364　平2604E　□□□□□□□

　被保険者の資格、標準報酬又は保険給付に関する処分に不服がある者は、社会保険審査官に対して審査請求をすることができるが、被保険者の資格又は標準報酬に関する処分が確定したときは、その処分についての不服を当該処分に基づく保険給付に関する処分についての不服の理由とすることはできない。

解答 364 ○ 法189条／P268 社労士24 P121▼

記述の通り正しい。

+α 【健康保険法の不服申立て】

（不服がある者）

・被保険者、事業主など（※被保険者に限られない）

（審査機関）

・地方厚生局：社会保険審査官→本省：社会保険審査会

※管轄→「被保険者の住所地管轄」ときたら×

（対象処分1）

・被保険者の資格、標準報酬、保険給付

　→「審査官→審査会」の2審制

・審査請求の期間→3か月以内

※審査請求から2か月以内に決定なし→棄却みなしできる

・再審査請求の期間→2か月以内

（対象処分2）

・保険料等→「審査会」の1審制

・審査請求の期間→3か月以内

（方法）

・審査請求及び再審査請求：文書又は口頭

（不服申立の前置）

・対象処分1→審査「官」の決定がなければ処分取消の訴えできず

※審査官の決定（棄却みなし含む）を経れば、再審査請求or裁判所へ
　の出訴が選択可能

・対象処分2→審査請求or裁判所への出訴が選択可能（前置不要）

届出・不服申立て・時効その他　第9章　210

問題 365　令0407C　□□□□□□□

　被保険者の資格、標準報酬又は保険給付に関する処分に不服がある者は、社会保険審査官に対して審査請求をし、その決定に不服がある者は、社会保険審査会に対して再審査請求をすることができる。当該処分の取消しの訴えは、当該処分についての審査請求に対する社会保険審査官の決定前でも提起することができる。

第3節　時効その他

問題 366　平2304E　□□□□□□□

　保険料等を徴収し、又はその還付を受ける権利は、２年を経過したとき、時効によって消滅するが、保険給付を受ける権利は、５年を経過したときに時効により消滅する。

解答 365　×　法192条／P 269　社労士24 P 121▼

　　本肢の処分の取消しの訴えは、当該処分についての審査請求に対する社会
保険審査官の「決定を経た後でなければ、提起することはできない」。

第3節　時効その他

解答 366　×　法193条／P 270　社労士24 P 122▼

　　保険料等を徴収し、又はその還付を受ける権利及び保険給付を受ける権利
は、「これらを行使することができる時から2年」を経過したときは、時効
によって消滅する。

届出・不服申立て・時効その他　第9章　212

問題 367　令0104　　□□□□□□□

　健康保険法に関する次のアからオの記述のうち、誤っているものの組合せは、後記AからEまでのうちどれか。

　ア　代表者が1人の法人の事業所であって、代表者以外に従業員を雇用していないものについては、適用事業所とはならない。

　イ　厚生労働大臣は、保険医療機関の指定をしないこととするときは、当該医療機関に対し弁明の機会を与えなければならない。

　ウ　出産手当金を受ける権利は、出産した日の翌日から起算して2年を経過したときは、時効によって消滅する。

　エ　傷病手当金の一部制限については、療養の指揮に従わない情状によって画一的な取扱いをすることは困難と認められるが、制限事由に該当した日以後において請求を受けた傷病手当金の請求期間1か月について、概ね10日間を標準として不支給の決定をなすこととされている。

　オ　政令で定める要件に該当するものとして厚生労働大臣の承認を受けた健康保険組合は、介護保険第2号被保険者である被保険者に関する保険料額を、一般保険料額と特別介護保険料額との合算額とすることができる。

　　　A　（アとイ）
　　　B　（アとウ）
　　　C　（イとエ）
　　　D　（ウとオ）
　　　E　（エとオ）

問題 368　平2401 B　　□□□□□□□

　療養費を受ける権利は、療養に要した費用を支払った日から5年を経過したときは、時効によって消滅する。

解答 367　B　（アとウ）

ア　×　法3条、S24.7.28保発74／P11・16　社労士24P6▼
　　　法人の代表者は被保険者に該当し、法人の事業所は適用事業所となる。

イ　○　法83条／P109　社労士24P−▼
　　　記述の通り正しい。

ウ　×　S30.9.7保険発199／P270　社労士24P122▼
　　　出産手当金の請求権の消滅時効は、「労務に服さなかった日ごとにその翌日から」起算される。

エ　○　S26.5.9保発37／P183　社労士24P−▼
　　　記述の通り正しい。

オ　○　法附則8条／P69　社労士24P33▼
　　　政令で定める要件に該当するものとして厚生労働大臣の承認を受けた健康保険組合（承認健康保険組合）は、介護保険第2号被保険者である被保険者（特定被保険者を含む。）に関する保険料額を、一般保険料額と特別介護保険料額との合算額とすることができる。これは、具体的には、原則として定率で定められる介護保険料を、承認健康保険組合においては定額で定めることができるものである。

解答 368　×　法193条／P270　社労士24P122▼

　　療養費を受ける権利は、療養に要した費用を支払った日「の翌日から起算して2年」を経過したときは、時効によって消滅する。

届出・不服申立て・時効その他　第9章　214

問題 369　平3007D　　□□□□□□□

　療養費の請求権の消滅時効については、療養費の請求権が発生し、かつ、これを行使し得るに至った日の翌日より起算される。例えば、コルセット装着に係る療養費については、コルセットを装着した日にコルセットの代金を支払わず、その1か月後に支払った場合、コルセットを装着した日の翌日から消滅時効が起算される。

解答 369　✕　　S31.3.13保文発1903／P 270　社労士24 P 122▼

　　療養費の請求権の消滅時効は、療養費の請求権が発生し、かつ、これを行使し得るに至った日の翌日から起算される。したがって、本肢の場合には、「コルセットの代金を支払った日の翌日」から消滅時効が起算される。

問題 370　令0304　□□□□□□□

健康保険法に関する次の記述のうち、誤っているものはいくつあるか。

ア　療養の給付を受ける権利は、これを行使することができる時から2年を経過したときは、時効によって消滅する。

イ　健康保険組合が解散する場合において、その財産をもって債務を完済することができないときは、当該健康保険組合は、設立事業所の事業主に対し、政令で定めるところにより、当該債務を完済するために要する費用の全部又は一部を負担することを求めることができる。

ウ　日雇特例被保険者の保険の保険者の事務のうち、厚生労働大臣が指定する地域に居住する日雇特例被保険者に係る日雇特例被保険者手帳の交付及びその収受その他日雇特例被保険者手帳に関する事務は、日本年金機構のみが行うこととされている。

エ　保険者は、指定訪問看護事業者が偽りその他不正の行為によって家族訪問看護療養費に関する費用の支払いを受けたときは、当該指定訪問看護事業者に対し、その支払った額につき返還させるほか、その返還させる額に100分の40を乗じて得た額を支払わせることができる。

オ　短時間労働者の被保険者資格の取得基準においては、卒業を予定されている者であって適用事業所に使用されることとなっているもの、休学中の者及び定時制の課程等に在学する者その他これらに準ずる者は、学生でないこととして取り扱うこととしているが、この場合の「その他これらに準ずる者」とは、事業主との雇用関係の有無にかかわらず、事業主の命により又は事業主の承認を受け、大学院に在学する者（いわゆる社会人大学院生等）としている。

　　A　一つ
　　B　二つ
　　C　三つ
　　D　四つ
　　E　五つ

217　第9章　届出・不服申立て・時効その他

解答 370　C　三つ

ア　×　法193条／P270　社労士24 P122▼

　療養の給付に本肢の時効の規定は適用されない。

イ　○　法26条／P248　社労士24 P114▼

　本肢により設立事業所の事業主に負担することを求めることができる費用の額は、債務を完済するために要する費用の全部に相当する額とする。ただし、破産手続開始の決定その他特別の理由により、当該事業主が当該費用を負担することができないときは、健康保険組合は、厚生労働大臣の承認を得て、これを減額し、又は免除することができる。

ウ　×　令61条／P213　社労士24 P101▼

　日雇特例被保険者手帳の交付及び収受その他日雇特例被保険者手帳に関する事務は、当該地域をその区域に含む「市町村の長」が行うものとする。

エ　○　法58条／P191　社労士24 P90▼

　記述の通り正しい。

オ　×　R4.3.18保保発0318第1号／P20　社労士24 P－▼

　本肢の「その他これらに準ずる者」とは、事業主との雇用関係を「存続した上で」、事業主の命により又は事業主の承認を受け、大学院等に在学する者（いわゆる社会人大学院生等）とされている。

届出・不服申立て・時効その他　第9章　218

問題 371 O   R   □□□□□□□

埋葬に要した費用に相当する金額の支給を受ける権利は、死亡した日の翌日から起算して2年を経過したときは、時効により消滅する。

問題 372 令0510C ㊗新 □□□□□□□

傷病手当金を受ける権利の消滅時効は2年であるが、その起算日は労務不能であった日ごとにその当日である。

問題 373 平2805C   □□□□□□□

健康保険法では、保険給付を受ける権利は権利を行使することができる時から2年を経過したときは時効によって消滅することが規定されている。この場合、消滅時効の起算日は、療養費は療養に要した費用を支払った日の翌日、高額療養費は診療月の末日（ただし、診療費の自己負担分を診療月の翌月以後に支払ったときは、支払った日の翌日）、高額介護合算療養費は計算期間（前年8月1日から7月31日までの期間）の末日の翌日である。

問題 374 O   R   □□□□□□□

厚生労働大臣は保険給付に関し必要があると認めるときは、事業主に対して立入検査等を行うことができる。この権限に係る事務は、あらかじめ厚生労働大臣の認可を受けたうえで、日本年金機構が行うことができるとされているが、全国健康保険協会がこれを行うことはできない。

問題 375 令0201A   □□□□□□□

全国健康保険協会は、被保険者の保険料に関して必要があると認めるときは、事業主に対し、文書その他の物件の提出若しくは提示を命じ、又は当該協会の職員をして事業所に立ち入って関係者に質問し、若しくは帳簿書類その他の物件を検査させることができる。

解答 371 × 法193条、S3.4.16保理4147 ／ P270 社労士24 P122▼

　　埋葬に要した費用に相当する金額に係る消滅時効の起算日は、「埋葬を行った日の翌日」である。なお、埋葬料及び家族埋葬料に係る消滅時効の起算日は、「死亡した日の翌日」である。

解答 372 × S30.9.7保険発199の2 ／ P270 社労士24 P122▼

　　傷病手当金を受ける権利の消滅時効は、労務不能であった日ごとに「その翌日から起算」される。

解答 373 × S48.11.7保険発99・庁保険発21
　　　　　　　　　　／ P270・271 社労士24 P122▼

　　高額療養費の時効の起算日は、「診療日の翌月の1日」とされる。

解答 374 × 法204条の7 ／ P273 社労士24 P122▼

　　本肢の厚生労働大臣の権限に係る事務は、あらかじめ厚生労働大臣の認可を受けたうえで、「全国健康保険協会」に行わせるものとする。

解答 375 × 法198条／ P273 社労士24 P122▼

　　「厚生労働大臣」は、被保険者の資格、標準報酬、保険料又は保険給付に関して必要があると認めるときは、事業主に対し、文書その他の物件の提出若しくは提示を命じ、又は当該職員をして事業所に立ち入って関係者に質問し、若しくは帳簿書類その他の物件の検査をさせることができる。

届出・不服申立て・時効その他　第9章　220

問題 376　令0208 B　□□□□□□□ ☆

　厚生労働大臣は、保険医療機関若しくは保険薬局又は指定訪問看護事業者の指定に関し必要があると認めるときは、当該指定に係る開設者若しくは管理者又は申請者の社会保険料の納付状況につき、当該社会保険料を徴収する者に対し、必要な書類の閲覧又は資料の提供を求めることができる。

問題 377　令0302 E　□□□□□□□ ☆

　保険者は、社会保険診療報酬支払基金に対して、保険給付のうち、療養費、出産育児一時金、家族出産育児一時金並びに高額療養費及び高額介護合算療養費の支給に関する事務を委託することができる。

221　第9章　届出・不服申立て・時効その他

解答 376 ○ 法199条／P274 社労士24P123▼

記述の通り正しい。

解答 377 ○ 法205条の4、則159条の7／P275 社労士24P123▼

記述の通り正しい。

資格の大原
社会保険労務士講座

択一式トレーニング問題集　進捗表

	目標期日		達成期日	
1回転目	月	日	月	日
2回転目	月	日	月	日
3回転目	月	日	月	日
4回転目	月	日	月	日
5回転目	月	日	月	日
回転目	月	日	月	日
回転目	月	日	月	日
回転目	月	日	月	日
回転目	月	日	月	日
回転目	月	日	月	日

▼択一式トレーニング問題集　進捗表▼

科目　＿＿＿＿＿＿＿＿＿＿＿

受講番号　＿＿＿＿＿＿＿＿＿

氏名　＿＿＿＿＿＿＿＿＿＿＿

7 回転目　※制限時間は、問題数×30秒以内

【手順4】
7回転が目安です。

【手順1】
解答欄に○×を記入し、答え合わせをしましょう。

【手順2】
正誤判断を間違った問題は、弱点論点です。弱点欄にチェックをした上で、正誤判断ができ、かつ、論点が把握できるようになるまで、繰り返し挑戦して下さい。
理解できたら、マスを塗りつぶすなどして、弱点克服の印とします。

【手順3】
弱点チェックをすべてつぶしたら、1回転終了です。

問題	解答	弱点	問題	解答	弱点	問題	解答	弱点	問題	解答	弱点	問題	解答	弱点	問題	解答	弱点
001	○		051	×		101	×		151	×		201			251		
002	×		052	○		102	○		152	×		202			252		
003	×	✔	053	×		103	×		153	○		203			253		
004	×		054	○		104	×		154	×		204			254		
005	×		055	×		105	×		155	×		205			255		
006	×		056	×		106	×		156			206			256		
007	○		057			107			157			207			257		
008	×		058			108			158			208			258		
009	×		059			109			159			209			259		
010	○		060			110	×		160			210			260		
011	×		061	×		111	×		161			211			261		
012	×		062	×		112	×		162			212			262		
013	○		063	×		113	○		163			213			263		
014	×		064	○		114	○		164			214			264		
015	×		065	×		115	×		165			215			265		
016	×		066	×		116	×		166			216			266		
017	○		067	○		117	○	✔	167			217			267		
018	×	✔	068	×	✔	118	×		168			218			268		
019	×		069	×		119	×										
020	○		070	×		120	○										
021	×		071	○		121	×										
022	×		072	×		122	×										
023	○		073	○		123	×	✔									
024	×		074	×		124	○										
025	×		075	×		125	×										
026	×		076	×		126	×		176			226			276		
027	×		077	○		127	×		177			227			277		
028	×		078	○	✔	128	×		178			228			278		
029	○		079	×		129	×		179			229			279		
030	×		080	×		130	×		180			230			280		
031	×		081	○		131	×		181			231			281		
032	×		082	×		132	×		182			232			282		
033	×		083	×		133	×		183			233			283		
034	×		084	×		134	×		184			234			284		
035	×		085	×		135	×		185			235			285		
036	○		086	○		136	×		186			236			286		
037	×		087	×		137	×		187			237			287		
038	×		088	○		138	×		188			238			288		
039	○		089	×		139	○		189			239			289		
040	×		090	○		140	×		190			240			290		
041	×		091	×		141	×		191			241			291		
042	×		092	×	✔	142	×		192			242			292		
043	○		093	×		143	×		193			243			293		
044	×	✔	094	×		144	×		194			244			294		
045	×		095	×		145	○		195			245			295		
046	×		096	×		146	×		196			246			296		
047	○		097	×		147	×		197			247			297		
048	×		098	○		148	○		198			248			298		
049	×		099	×		149	×	✔	199			249			299		
050	×		100	○		150	×		200			250			300		

▼択一式トレーニング問題集　進捗表▼

科目　_____

受講番号　_____

氏名　_____

回転目　※制限時間は、問題数×30秒以内

※全科目共通の進捗表です。
各科目の問題数に合わせてお使いください。

問題	解答	弱点	問題	解答	弱点	問題	解答	弱点	問題	解答	弱点	問題	解答	弱点	問題	解答	弱点
001			051			101			151			201			251		
002			052			102			152			202			252		
003			053			103			153			203			253		
004			054			104			154			204			254		
005			055			105			155			205			255		
006			056			106			156			206			256		
007			057			107			157			207			257		
008			058			108			158			208			258		
009			059			109			159			209			259		
010			060			110			160			210			260		
011			061			111			161			211			261		
012			062			112			162			212			262		
013			063			113			163			213			263		
014			064			114			164			214			264		
015			065			115			165			215			265		
016			066			116			166			216			266		
017			067			117			167			217			267		
018			068			118			168			218			268		
019			069			119			169			219			269		
020			070			120			170			220			270		
021			071			121			171			221			271		
022			072			122			172			222			272		
023			073			123			173			223			273		
024			074			124			174			224			274		
025			075			125			175			225			275		
026			076			126			176			226			276		
027			077			127			177			227			277		
028			078			128			178			228			278		
029			079			129			179			229			279		
030			080			130			180			230			280		
031			081			131			181			231			281		
032			082			132			182			232			282		
033			083			133			183			233			283		
034			084			134			184			234			284		
035			085			135			185			235			285		
036			086			136			186			236			286		
037			087			137			187			237			287		
038			088			138			188			238			288		
039			089			139			189			239			289		
040			090			140			190			240			290		
041			091			141			191			241			291		
042			092			142			192			242			292		
043			093			143			193			243			293		
044			094			144			194			244			294		
045			095			145			195			245			295		
046			096			146			196			246			296		
047			097			147			197			247			297		
048			098			148			198			248			298		
049			099			149			199			249			299		
050			100			150			200			250			300		

問題	解答	弱点	問題	解答	弱点	問題	解答	弱点	問題	解答	弱点	問題	解答	弱点	問題	解答	弱点
301			351			401			451			501			551		
302			352			402			452			502			552		
303			353			403			453			503			553		
304			354			404			454			504			554		
305			355			405			455			505			555		
306			356			406			456			506			556		
307			357			407			457			507			557		
308			358			408			458			508			558		
309			359			409			459			509			559		
310			360			410			460			510			560		
311			361			411			461			511			561		
312			362			412			462			512			562		
313			363			413			463			513			563		
314			364			414			464			514			564		
315			365			415			465			515			565		
316			366			416			466			516			566		
317			367			417			467			517			567		
318			368			418			468			518			568		
319			369			419			469			519			569		
320			370			420			470			520			570		
321			371			421			471			521			571		
322			372			422			472			522			572		
323			373			423			473			523			573		
324			374			424			474			524			574		
325			375			425			475			525			575		
326			376			426			476			526			576		
327			377			427			477			527			577		
328			378			428			478			528			578		
329			379			429			479			529			579		
330			380			430			480			530			580		
331			381			431			481			531			581		
332			382			432			482			532			582		
333			383			433			483			533			583		
334			384			434			484			534			584		
335			385			435			485			535			585		
336			386			436			486			536			586		
337			387			437			487			537			587		
338			388			438			488			538			588		
339			389			439			489			539			589		
340			390			440			490			540			590		
341			391			441			491			541			591		
342			392			442			492			542			592		
343			393			443			493			543			593		
344			394			444			494			544			594		
345			395			445			495			545			595		
346			396			446			496			546			596		
347			397			447			497			547			597		
348			398			448			498			548			598		
349			399			449			499			549			599		
350			400			450			500			550			600		

▼択一式トレーニング問題集　進捗表▼

科目　_____

受講番号　_____

氏名　_____

□ 回転目　※制限時間は、問題数×30秒以内

※全科目共通の進捗表です。
各科目の問題数に合わせてお使いください。

問題	解答	弱点	問題	解答	弱点	問題	解答	弱点	問題	解答	弱点	問題	解答	弱点	問題	解答	弱点
001			051			101			151			201			251		
002			052			102			152			202			252		
003			053			103			153			203			253		
004			054			104			154			204			254		
005			055			105			155			205			255		
006			056			106			156			206			256		
007			057			107			157			207			257		
008			058			108			158			208			258		
009			059			109			159			209			259		
010			060			110			160			210			260		
011			061			111			161			211			261		
012			062			112			162			212			262		
013			063			113			163			213			263		
014			064			114			164			214			264		
015			065			115			165			215			265		
016			066			116			166			216			266		
017			067			117			167			217			267		
018			068			118			168			218			268		
019			069			119			169			219			269		
020			070			120			170			220			270		
021			071			121			171			221			271		
022			072			122			172			222			272		
023			073			123			173			223			273		
024			074			124			174			224			274		
025			075			125			175			225			275		
026			076			126			176			226			276		
027			077			127			177			227			277		
028			078			128			178			228			278		
029			079			129			179			229			279		
030			080			130			180			230			280		
031			081			131			181			231			281		
032			082			132			182			232			282		
033			083			133			183			233			283		
034			084			134			184			234			284		
035			085			135			185			235			285		
036			086			136			186			236			286		
037			087			137			187			237			287		
038			088			138			188			238			288		
039			089			139			189			239			289		
040			090			140			190			240			290		
041			091			141			191			241			291		
042			092			142			192			242			292		
043			093			143			193			243			293		
044			094			144			194			244			294		
045			095			145			195			245			295		
046			096			146			196			246			296		
047			097			147			197			247			297		
048			098			148			198			248			298		
049			099			149			199			249			299		
050			100			150			200			250			300		

問題	解答	弱点	問題	解答	弱点	問題	解答	弱点	問題	解答	弱点	問題	解答	弱点	問題	解答	弱点
301			351			401			451			501			551		
302			352			402			452			502			552		
303			353			403			453			503			553		
304			354			404			454			504			554		
305			355			405			455			505			555		
306			356			406			456			506			556		
307			357			407			457			507			557		
308			358			408			458			508			558		
309			359			409			459			509			559		
310			360			410			460			510			560		
311			361			411			461			511			561		
312			362			412			462			512			562		
313			363			413			463			513			563		
314			364			414			464			514			564		
315			365			415			465			515			565		
316			366			416			466			516			566		
317			367			417			467			517			567		
318			368			418			468			518			568		
319			369			419			469			519			569		
320			370			420			470			520			570		
321			371			421			471			521			571		
322			372			422			472			522			572		
323			373			423			473			523			573		
324			374			424			474			524			574		
325			375			425			475			525			575		
326			376			426			476			526			576		
327			377			427			477			527			577		
328			378			428			478			528			578		
329			379			429			479			529			579		
330			380			430			480			530			580		
331			381			431			481			531			581		
332			382			432			482			532			582		
333			383			433			483			533			583		
334			384			434			484			534			584		
335			385			435			485			535			585		
336			386			436			486			536			586		
337			387			437			487			537			587		
338			388			438			488			538			588		
339			389			439			489			539			589		
340			390			440			490			540			590		
341			391			441			491			541			591		
342			392			442			492			542			592		
343			393			443			493			543			593		
344			394			444			494			544			594		
345			395			445			495			545			595		
346			396			446			496			546			596		
347			397			447			497			547			597		
348			398			448			498			548			598		
349			399			449			499			549			599		
350			400			450			500			550			600		

▼択一式トレーニング問題集　進捗表▼

科目　　　_____

受講番号　_____

氏名　　　_____

☐ 回転目　※制限時間は、問題数×30秒以内

※全科目共通の進捗表です。
各科目の問題数に合わせてお使いください。

問題	解答	弱点	問題	解答	弱点	問題	解答	弱点	問題	解答	弱点	問題	解答	弱点	問題	解答	弱点
001			051			101			151			201			251		
002			052			102			152			202			252		
003			053			103			153			203			253		
004			054			104			154			204			254		
005			055			105			155			205			255		
006			056			106			156			206			256		
007			057			107			157			207			257		
008			058			108			158			208			258		
009			059			109			159			209			259		
010			060			110			160			210			260		
011			061			111			161			211			261		
012			062			112			162			212			262		
013			063			113			163			213			263		
014			064			114			164			214			264		
015			065			115			165			215			265		
016			066			116			166			216			266		
017			067			117			167			217			267		
018			068			118			168			218			268		
019			069			119			169			219			269		
020			070			120			170			220			270		
021			071			121			171			221			271		
022			072			122			172			222			272		
023			073			123			173			223			273		
024			074			124			174			224			274		
025			075			125			175			225			275		
026			076			126			176			226			276		
027			077			127			177			227			277		
028			078			128			178			228			278		
029			079			129			179			229			279		
030			080			130			180			230			280		
031			081			131			181			231			281		
032			082			132			182			232			282		
033			083			133			183			233			283		
034			084			134			184			234			284		
035			085			135			185			235			285		
036			086			136			186			236			286		
037			087			137			187			237			287		
038			088			138			188			238			288		
039			089			139			189			239			289		
040			090			140			190			240			290		
041			091			141			191			241			291		
042			092			142			192			242			292		
043			093			143			193			243			293		
044			094			144			194			244			294		
045			095			145			195			245			295		
046			096			146			196			246			296		
047			097			147			197			247			297		
048			098			148			198			248			298		
049			099			149			199			249			299		
050			100			150			200			250			300		

問題	解答	弱点	問題	解答	弱点	問題	解答	弱点	問題	解答	弱点	問題	解答	弱点	問題	解答	弱点
301			351			401			451			501			551		
302			352			402			452			502			552		
303			353			403			453			503			553		
304			354			404			454			504			554		
305			355			405			455			505			555		
306			356			406			456			506			556		
307			357			407			457			507			557		
308			358			408			458			508			558		
309			359			409			459			509			559		
310			360			410			460			510			560		
311			361			411			461			511			561		
312			362			412			462			512			562		
313			363			413			463			513			563		
314			364			414			464			514			564		
315			365			415			465			515			565		
316			366			416			466			516			566		
317			367			417			467			517			567		
318			368			418			468			518			568		
319			369			419			469			519			569		
320			370			420			470			520			570		
321			371			421			471			521			571		
322			372			422			472			522			572		
323			373			423			473			523			573		
324			374			424			474			524			574		
325			375			425			475			525			575		
326			376			426			476			526			576		
327			377			427			477			527			577		
328			378			428			478			528			578		
329			379			429			479			529			579		
330			380			430			480			530			580		
331			381			431			481			531			581		
332			382			432			482			532			582		
333			383			433			483			533			583		
334			384			434			484			534			584		
335			385			435			485			535			585		
336			386			436			486			536			586		
337			387			437			487			537			587		
338			388			438			488			538			588		
339			389			439			489			539			589		
340			390			440			490			540			590		
341			391			441			491			541			591		
342			392			442			492			542			592		
343			393			443			493			543			593		
344			394			444			494			544			594		
345			395			445			495			545			595		
346			396			446			496			546			596		
347			397			447			497			547			597		
348			398			448			498			548			598		
349			399			449			499			549			599		
350			400			450			500			550			600		

2024年受験対策 社労士24

効率的に学習して「24時間で。社労士に。」

時間の達人シリーズ　Web通信
「24時間で インプット講義が完了。」
1テーマを約3分～15分に分割！
スキマ時間を最大限活用可能。

金沢博憲 講師

「お仕事や家庭のことで時間がない」。
そのような方に合格していただきたいという思いが開発のきっかけです。コンセプトは「時間の長さ」ではなく「時間当たりの情報密度」を重視する。それが「社労士24」です。
「3時間の内容を1時間で」ご理解いただけるような講義・教材を提供いたします。

開講日・受講料（消費税込）

Web通信

■時間の達人シリーズ 社労士24

受講方法	教材発送日	受講料	
Web通信	8/24（木）より順次発送 （8/28（月）より講義配信開始）	79,800円 （大学生協等割引価格 75,810円）	入学金不要

■時間の達人シリーズ 社労士24＋直前対策

受講方法	教材発送日	受講料	
Web通信	8/24（木）より順次発送 （8/28（月）より講義配信開始）	128,000円 （大学生協等割引価格 121,600円）	入学金不要

Webテストで実力確認！
科目ごとにWebテストを実施します。Webで実施するので、リアルタイムで得点を確認できます。弱点を確認して補強することで着実に実力がアップします。

全体像レクチャー
デジタルコンテンツだからこそ実現。
常に全体像が意識できる展開。

O-hara micro learning
1単元は3分から15分。
スキマ時間を最大活用可能。

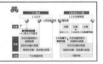

全科目インプット講義が24時間で完了
デジタルコンテンツ活用により無駄を極限まで除去。

専用レクチャーテキスト
レクチャー画面と同内容のレクチャーテキストをお手元に。

レクチャー画面　同じ内容　社労士24専用レクチャーテキスト

社労士24がよく分かる！
ガイダンス・体験講義も配信！

大原 社労士24　検索

Twitter
『時間の達人　社労士試験
@Sharoushi24』

本試験前最後の最終チェックに必須!
2024年受験対策 全国統一公開模擬試験

2024年社会保険労務士試験直前の実力試しに最適な「全国統一公開模擬試験」は、大原の本試験予想問題も兼ねております。毎年、模擬試験からは本試験の的中問題も数多く出題されています。

社労士本試験直前の総仕上げと実力試しに大原の全国統一公開模擬試験!

5つの特長

1. 質の高い本試験レベルの**予想問題**
2. 本試験2回分に相当する**豊富な問題数**
3. 選択肢毎に解説の付いた**充実の解答解説冊子**付き
4. 大原人気講師による**解説講義をWeb配信**
5. 多くの受験生が利用!**全国ランキング表**付き

だから本試験前は大原の模擬試験!!

過去本試験の出題傾向を大原講師陣が徹底分析して作成した予想問題による模擬試験です。高い的中率と充実の解説が毎年好評をいただいています。

■社労士試験を知り尽くした大原だから信頼度は抜群!

全国統一公開模擬試験の受験で
段階的に本番力をアップ!
本番に向けて段階的に実力をアップします!

全国統一公開模擬試験Ⅰは、本試験レベルの難度の問題を、本試験と同じ時間帯で解きます。
時間配分や解く科目順番、高難度問題への対応などのシミュレーションに最適です。
全国統一公開模擬試験Ⅱでは、全国統一公開模擬試験Ⅰで見つかった課題を踏まえて受験でき、本番力完成の仕上げができます。

全国統一公開模擬試験Ⅰ	全国統一公開模擬試験Ⅱ
選択式 8問 択一式 70問	選択式 8問 択一式 70問
本試験1回分	本試験1回分

高難度の論点を含む本試験レベルの問題

ご自宅で受験できます!

採点を行い、個人別成績表(ランキング・総評・正答率・偏差値など)もご郵送いたします。詳細な解説冊子も付きますので安心です。

大原人気講師による
解説講義をWeb配信!

大原人気講師による模擬試験の解説講義(映像)を大原ホームページでご覧いただけます。重要論点を図解を用いて解説いたします。

■全国統一公開模擬試験 実施日程

入学金不要

全国統一公開模擬試験Ⅰ 全1回	全国統一公開模擬試験Ⅰ・Ⅱセット
7月6日(土)または7月7日(日)	全国統一公開模擬試験Ⅰ

全国統一公開模擬試験Ⅱ 全1回	全国統一公開模擬試験Ⅱ
7月27日(土)または7月28日(日)	受講料の詳細は2024年3月中旬完成予定の直前対策リーフレットをご覧ください。

■案内書のご請求はフリーダイヤルで
☎0120-597-008

■最新情報はホームページで
https://www.o-hara.jp/course/sharoshi

大原　社会保険労務士　検索

正誤・法改正に伴う修正について

本書掲載内容に関する正誤・法改正に伴う修正については「資格の大原書籍販売サイト　大原ブックストア」の「正誤・改正情報」よりご確認ください。

https://www.o-harabook.jp/
資格の大原書籍販売サイト　大原ブックストア

正誤表・改正表の掲載がない場合は、書籍名、発行年月日、お名前、ご連絡先を明記の上、下記の方法にてお問い合わせください。

お問い合わせ方法

【郵　送】〒101-0065　東京都千代田区西神田 2 - 2 -10
　　　　　大原出版株式会社　書籍問い合わせ係
【ＦＡＸ】03-3237-0169
【E-mail】shopmaster@o-harabook.jp

※お電話によるお問い合わせはお受けできません。
　また、内容に関する解説指導・ご質問対応等は行っておりません。
　予めご了承ください。

合格のミカタシリーズ

2024年対策

解いて覚える！社労士 択一式トレーニング問題集⑦
健康保険法

■発行年月日	2024年 1 月22日　初版発行
■著　　　者	資格の大原　社会保険労務士講座
■発 行 所	大原出版株式会社
	〒101-0065
	東京都千代田区西神田1-2-10
	TEL 03-3292-6654
■印刷・製本	セザックス株式会社

※落丁本・乱丁本はお取り替えいたします。定価はカバーに表示してあります。
ISBN978-4-86783-074-1　C2032

本書の全部または一部を無断で転載、複写（コピー）、改変、改ざん、配信、送信、ホームページ上に掲載することは、著作権法で定められた例外を除き禁止されており、権利侵害となります。上記のような使用をされる場合には、その都度事前に許諾を得てください。また、電子書籍においては、有償・無償にかかわらず本書を第三者に譲渡することはできません。

© O-HARA PUBLISHING CO., LTD 2024 Printed in Japan